本当に正しい「がん」の知識を
教えてください！

がん薬物療法専門医 明星智洋
聞き手（ライター） 松本逸作

すばる舎

はじめに

いつからか国民的な病気となった「がん」。今や、2人に1人ががんになるとまで言われています。実際ニュースでは、有名人が「がんになった」と公表したり、がんが原因で亡くなった、という話を連日のように見聞きします。

そう思って気にしてみると、たしかに新聞、テレビ、（こうした本も含めて）がんにまつわる情報がいっぱいです。

どんながんが増えているとか、どんなお医者さんや病院がいいとか、こんな新しい治療法ができましたとか、こんな食事でがんがなくなりましたとか、それはやってはいけないとか……まるで雨後の筍《たけのこ》のように、さまざまな人の体験や意見を目にします。

そんなふうにいろいろ調べるにつけ、専門的な知識をまったく持っていない私（松本）はこう思ったのです。

「もう〜、わけわかんない!! 本当に必要なことって何なの!? 誰か、確実なことだけをパッと教えて！」

そうなんです。たとえば、「早期検診をしなさい」という話があれば、「いや、だまされてはいけない！　検診はしなくていい！」という真逆の意見があり、がんの種類も検診法もありすぎて自分では絞れない。「抗がん剤は危ないから使ったらいけない」、別のところでは「新しい治療法ができたけど、効果は怪しいよ」……と、情報が多すぎて、何を信じたらいいのか判断がつきません。

そこでこの本では、**そもそもがんにならない方法はあるのか……？　理想的な検診の受け方は？　どんな病院や先生を選んだらいい……？　もしもがんになったら、効果的な治療法は……？**

などなど、気になる疑問をがん治療のプロフェッショナルにぶつけて、今一番確実なことを教えてもらおうという内容です。

そして、今回そのプロフェッショナルとして登場いただくのが明星《みょうじょう》智洋《ともひろ》先生です。

明星先生は東京の江戸川病院に勤めるスーパードクター。何がすごいかというと、「がん薬物療法専門医」という、あらゆる種類のがんの知識がないと取得できない特別な資格を持っています。この資格は、取得・維持するのがとんでもなく難しく、取得者は全国でまだ１２００人ちょっと。専門医資格の中で最難関と言われています。そんな資格を、明星先生はなんと最年少で取得し、加えて毎日患者さんと現場で接する現役バリバリのお医者さん。

こっそり聞いたところによると……**「あの芸能人」とか「あのスポーツ選手」とか「あの政治家」「あの経営者」なども、先生のもとをこっそり訪れて実際に治療をしたり、アドバイスを受けたりしているらしい**のです。

現場で多くの患者さんに接し、最新のがんの知識を持っている先生に、ライター・松本が一般人代表として「ぶっちゃけたところを教えてください！」とあれこれ質問をさせていただき、本書ができました。

まず1章は、がんの基本知識、がんになる原因、予防方法、治療方法、病院や先生の選び方、とさまざまな角度から聞いていくガイダンスのような章となっています。

続いての2章では、がんの原因と予防習慣について。最新の研究結果などもふまえて紹介しています。

3章は、予防検診がテーマ。どんな検診をすると効果的にがんが見つけられるか、先生おすすめのプログラムを中心に紹介していきます。

4章では、もしも自分を含めた身近な人ががんになったら……ということで、がんの治療法について掘り下げて聞いていきます。

そして5章では、がんになったらどんな先生や病院を選べばいいか、具体的なポイントとともに聞いていきます。

最後の6章は、さらにダメ押しの質問コーナー。もし先生ががんになったら、どの病院に行きますか⁉ なんてものすごく突っ込んだところにも答えていただきました。

人間ですから、いつかは死ぬことになります。がんになるときは、なってしまうかもしれません。ですが、もしも知っておくことで回避できるのならば、回避するという選択肢を持っておきたい。命に直結することなのに、一番大切な部分があやふやになっているのはどうなのか？ 本当のプロフェッショナルによる確かな情報を届けたい！ そんな一心で、お送りします。

※本書の内容は、２０１９年5月までの情報をもとに書かれています。日進月歩のがん治療の世界なので、一部情報には劇的な変化が訪れることもあるかもしれません。その点だけはご了承いただき、最後までお楽しみいただけたら幸いです。

第1章　一問一答　がんで気になるあれこれ、まずは聞いてみた！

第2章

がんになる原因と予防習慣

第3章 正しいガン検診の受け方

第4章 身近な誰かが、もしもがんになったら

第5章

いい医師・いい病院の選び方

第6章
一問一答 ダメ押しで、気になること全部聞いてみた！

第1章

一問一答 がんで気になるあれこれ、まずは聞いてみた！

がんってそもそも何ですか？

では先生、さっそく伺っていきたいのですが……初歩的なことですみません。そもそもがんって何なんですか？

そうですね、まずはそこからクリアにしていきましょう。がんをごく簡単に言うと、細胞の暴走です。

細胞の暴走ですか？

はい。私たちは、そもそもがん遺伝子という遺伝子を持っているんです。がんはその遺伝子によってつくられる細胞で、このがん遺伝子に問題が起きたとき、がん細胞が暴走します。がん細胞が無制限に増殖して、あらゆる臓器にダメージを与えてしまう状態をがんと言うんですね。

誰もが持っているものなんですか！　何で暴走してしまうんでしょう？

私たちの体には、がん遺伝子と同様に、それをおさえるがん抑制遺伝子というものがあって、それらが絶妙のバランスで成り立っています。しかし、がん遺伝子が活性化してがん抑制遺伝子がおさえられないとき、がん細胞ができあがるんです。

がん抑制遺伝子が働かないと、がん細胞ができてしまうと……。

ただ、それでもすぐにがんが発症するわけではありません。がん細胞ができても、体には免疫細胞が備わっています。通常は、この免疫細胞ががん細胞をやっつけてくれるんです。しかし、その免疫さえもがん細胞が突破したときに各臓器でがんが発症します。

そうか、それで免疫が大事と言われるんですね。

そうなんです。また、がんが発生する場所によって呼び方も変わってきます。胃にがんができたときには胃がん、肺にできたら肺がんですが、筋肉にできた場合はわかりますか？

筋肉がん！……とは言わないそうですよね（笑）。

はい（笑）。筋肉がんではなく、肉腫《にくしゅ》と呼びます。

ああ肉腫！　聞いたことがあります。

さらにですね、血液細胞ががんになることもあります。

血液細胞ですか!?

はい。もっとわかりやすく言うと、血液成分ががんになっている状態です。白血病って聞いたことがありますよね。

あります！

白血病も実はがんの一種で、まさに血液細胞ががん化したものなんです。

え、そうだったんですか!?

そうなんです。血液のがんは白血病や多発性骨髄腫《たはっせいこつずいしゅ》、悪性リンパ腫という名前になり、これらもすべてがんになります。

それは知りませんでした……。がんになるとどんな症状が出るんですか？

症状も、実はがんができる場所によってさまざまなんです。肺がんの場合は、血痰《けったん》、つまり血の痰が出てきたり、呼吸が苦しくなったりすることがあります。胃がんの場合は、胃が痛くなったり、黒い便が出たりします。大腸にがんができたら、便秘になったり、便が細くなったりという具合です。

そうした症状は必ず出てくるものなんですか？

いえ、残念ながらかなり進行しないと症状が出てこないものもあります。代表的なものがすい臓がんです。

すい臓がん！　僕のおばあちゃんもすい臓がんで亡くなったんですが、見つかったときにはもう末期で、診断から半年足らずでした……。

それはお気の毒でしたね……。すい臓は沈黙の臓器とも言われていて、初期の頃は無症状のことが多く、体が黄色くなる「黄疸《おうだん》」という症状が出たときにはすでに進行しているということが多いんです。

まさにそうでした！　悲しかったなぁ……。

お気持ち、すごくよくわかります。実は私も祖母をすい臓がんで亡くしたんです。

えっ、先生もおばあさまがすい臓がんで!?

そうなんです。やはり私の祖母も見つかったときには末期で、私ががんを治す医師になろうと決めたのは、祖母の存在があったからなんですよ。

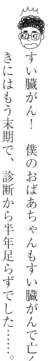

え!?　もともとお医者さんを目指していたわけではなく？

ええ、実はもともと医師になるつもりはまったくなかったんです。数学や理科は好きでしたけど、親も医師ではありませんし、大学は工学部にでも行こうと思っていました。

でも、高校2年生のときに祖母がすい臓がんだと診断され、「もう治せないだろう」と言われてしまったんですね。私は祖母にはすごくかわいがってもらっていたので、そう告げられたときは正直どうしていいかわかりませんでした。

それはおつらい……。

ひどくおばあちゃん子だったので、その夜に1人家を飛び出して、地元の港にたたずんでいた記憶があります（笑）。そこでひとしきり泣いたあと、祖母を襲ったにっくき「がん」を撲滅《ぼくめつ》したいと思って、それから医学部を目指したんですよ。

高校2年生から医学部志望ですか!?

明星先生（左下）と祖母（右上）

成績はいたって普通だったので、国立の医学部を目指すにはかなり難しい状況だったと思うのですが、死にものぐるいで勉強してどうにか医学部に入ったという感じです。

なんと！　並々ならぬ先生のおばあちゃん愛を感じますね（笑）。

そうですね（笑）、皮肉にも祖母のがんで本当に人生が変わりました。

そうやって私は医師になってがんの診察に携わってきたのですが、あの頃から比べてもすい臓がんの治療や治療成績に関しては大きな進歩がないのが現状です。

え〜！　やっぱりすい臓がんって、そんなに治すのが難しいんですか!?

はい。残念ながら、すい臓がんに関しては有効な手立てがまだない状況です。しかし、全体的に見ればがんに関する医療は非常に大きな進歩をしています。

たとえば初期症状が目立たないがんに悪性リンパ腫というものがあるんですが、これは全身のリンパ節が腫れる病気で、通常は痛みがないまま進行します。首やわきの下などのように、外から触れることができる場所にあれば発見もできますが、お腹の中など、外から触れることができない場所に悪性リンパ腫ができた場合、気づかずに進行して、診断されるときには進行期だということは珍しくありません。

怖いなぁ……。そうなるとやっぱりもう難しいんですよね？

悪性リンパ腫は先ほどお話しした血液がんの一種なんですが、実は抗がん剤がよく効きます。

そうなんですか？

はい。ステージがかなり進行していたとしても治療することができる可能性のあるがんなんです。

がんによってそんな差があるわけですか！

はい。そうしたことを事前に知っておくと知らないとでは、やはりがんとどう向き合うか変わってくると思います。

ということで、本書ではそんな先生の持っている知識をあますことなく教えていただきたいと思います！

まとめ

がんは細胞が暴走して起きるもの。内臓、筋肉、血液、あらゆる部分ががん化する可能性がある！

がんは遺伝する？　がんの原因は？

すい臓がんの話が出ましたけど、僕や親も家系的にがんになりやすいんじゃないかと不安になってくるんですよね。実際、がんって遺伝は関係あるんですか？

親族ががんだからうちは大丈夫かと心配される方は非常に多いですね。がんは家系で遺伝するか否か、答えは**「遺伝が確認されるがんが一部だけある」**ということです。

一部だけある!?　どういうことですか？

はい、一部というのは、たとえば「乳がん」「大腸がん」といったがんで、乳がんや大

腸がんの、そのまた一部は遺伝との関連性がはっきりと確認されています。

はっきりと！……あれ、でも結構限定されているということですか？

そうなんです。たとえば乳がんでは「ＢＲＣＡ遺伝子」というがん遺伝子を持っている人が乳がんになりやすい、ということがわかっています。ハリウッド女優のアンジェリーナ・ジョリーさんはこの「ＢＲＣＡ遺伝子」を持っていることがわかり、予防的に乳房切除を行っていますね。

えっ、予防でおっぱいを切っちゃうと！　そんなことがあるんですね!?

予防的に乳房を切除、というのはかなりアグレッシブな例ですが、ご家族に乳がんの人がいる方は「ＢＲＣＡ遺伝子」を持っている可能性があるので、他の人よりもこまめに乳がん検診を受けたり、セルフチェックを欠かさず継続することが大切ですね。

大腸がんも同じなんですか？

大腸については「家族性大腸腺腫症」という病気があって、これは遺伝的に大腸にポ

リープがたくさんできてしまう病気です。これも「APC遺伝子」という遺伝子が原因となっていることがわかっています。家族性大腸腺腫症は20歳を越えてから発症しやすいので、対策としては20歳までに大腸粘膜を摘出して予防することです。

こういうケースはよくあるんですか？

今述べた遺伝子が原因の乳がんや大腸がんは、がんの中でもかなり稀なケースです。「うちはがん家系だから」なんて会話をするかもしれませんが、**家系的な遺伝でがんが発症することは実は少ない**んです。

えっ、そうなんですか！　じゃあ、がんの主な原因は何なんですか？

はい、**がんの原因のほとんどは、「生活習慣」**です。

生活習慣ですか!?

はい、加齢やウイルス感染といった要素もありますが、大部分は生活習慣が占めています。がんは遺伝子異常で起きることも多いのですが、その異常のほとんどは親からの遺伝ではなく、生活習慣や環境因子によって起きているんです。

え〜！　知りませんでした！

最近の研究でも、そのことがどんどん明らかになってきています。たとえば２０１８年1月にＢＭＪ誌※に掲載された論文では、コレステロール、心拍数、尿酸値の高さ、血圧の異常、また糖尿病や慢性腎臓病《まんせいじんぞうびょう》を患っている人、過去に肺の疾患を経験している人はがんになるリスクが増大すると発表されています。

※ＢＭＪはイギリスで発行されている医学雑誌。ブリティッシュ・メディカル・ジャーナルの略で、世界5大医学雑誌に数えられる信頼性の高いもの。

リスク増大って、どれくらいなんですか？

今お伝えしたリスクがすべてある場合、がんになるリスクが2・21倍になり、がんで死亡するリスクは4倍上昇。さらに寿命が、男性では13・3年、女性では15・9年縮む可能性があると発表されています。

え〜〜〜〜!! リスク2倍で10年以上寿命が縮む!? やばいですね。

はい、相当ですね。この研究は１９９６年から２００７年にアメリカで行われたものなのですが、40万人を超える人を対象に平均８・７年間の追跡を行っているという信頼性の高いものです。

40万人を9年弱も調査ですか！

はい。これまでも生活習慣とがんの関係は言われてはきたのですが、次々と信頼性の高い研究結果が出ています。実際、この研究であったコレステロール、心拍数、尿酸値の高さ、血圧の異常、糖尿病、慢性腎臓病、肺の疾患は、ほとんど生活習慣に起因しているものなので、生活習慣が非常に重要なのは間違いありません。

そうなってくると、がんも生活習慣病みたいなものなんですね!?

そうですね、多くの部分が生活習慣によっているのは確かです。家族で遺伝することが多いと思われがちなのは、**食事の量や好み、また運動習慣や睡眠時間など、家庭環**

境によって同じような習慣がつくられてしまうことが考えられます。

なるほど……でも、生活習慣って具体的に何に気をつけたらいいんでしょう？

まずは、よく言われる喫煙や飲酒、これは以前から明確ながんのリスクがあることがわかっています。加えて、食生活や運動といったことになってきます。先ほどの研究では、**日々運動をしている人は、運動不足の人と比べてがんになるリスクが48%、がん死亡リスクが27%低かった**という結果が出ています。

そんな明確な差が！

そうなんです。一つひとつは小さなことでいいんです。生活習慣の改善はがん以外にも心筋梗塞《しんきんこうそく》や脳梗塞《のうこうそく》などのリスクも減少させますから、ぜひ取り組んでいただきたいテーマの一つです。

この話は、このあと2章で詳しくお伝えしていきます！……が、先生、ちなみにがんの遺伝子を調べる方法ってないんでしょうか？

ありますがんの遺伝子を検査してくれる遺伝子診療科などを開設している病院もありますし、民間企業やクリニックで遺伝子を網羅的に調べるサービスがあります。

そんなサービスが！　おいくらくらいなんでしょう……？

残念ながらいずれも保険が効かず、20万円から80万円ほど自費での出費になってしまいます。興味があれば検査をして、自分がかかりやすいがんのタイプを把握して、重点的にチェックしていくのが効率的かもしれません。

結構なお値段ですが、投資の選択肢としてありかもしれませんね……。ちなみに、気になる検診方法については3章で詳しく聞いていきますので、あわせてご参照ください！

まとめ

家系的な遺伝でがんになることは、極めて稀。それよりも最大の要因は、生活習慣にある！

がん保険には入っておいたほうがいい？貯金はいくらあれば安心？

先生、最近2人に1人はがんになる、という話を聞くのですが、本当ですか？

本当です。少し前は3人に1人と言われていましたが、今は2人に1人というくらいまで患者さんの数が増えています。

そうすると、やっぱりがん保険には入っておいたほうがいいんでしょうか？

保険はたしかに気になるところでしょうね。あくまでも医師としての見解になりますが、結論から言うと、無理して入らなくてもいいのかなとは思います。

え！　入らなくてもいいんですか!?　でも、がんの治療ってお金がすごくかかるイメージがあるんですけど……。

そうですね、まずは治療費の部分をスッキリさせましょう。一口にがんと言っても、種類はさまざまです。また、ステージや治療法によって大きく変わってきます。

たとえば胃がんを例にとると、「早期に発見できて、内視鏡で切除するだけで済む」という場合には入院期間も短く、その後の通院も頻繁に行う必要もないので費用は少なく済みます。

一方で、手術ができない状態の進行胃がんの場合は、抗がん剤などの薬剤を使った治療を選択することになります。最近は性能のいい新薬剤がどんどん開発されている一方で、薬価も高騰しています。また抗がん剤の場合は、通院が副作用で続けられないか、効果がなくなるまで継続されるため、1回の治療費用だけでなく治療するたびに料金が発生してしまいます。

やっぱり進行してしまうと大変なんですね……。あれ、でもそうすると、やっぱり保険には入っておいたほうがよくないですか？

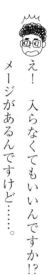

そう思われるかもしれませんが、日本の医療制度は患者さんにとって非常に優しい仕組みになっているんです。保険証を持っている方であれば年齢や収入に応じて1割から3割の負担で済むようになっています。それはほとんどの方がご存じだと思います。

3割負担というやつですよね！　でも、月に治療費が100万円かかったとすると、30万円は必要になってきませんか？　そんな金額、毎月は支払えません……。

はい。実はそこが日本の医療制度のすごいところで、**「高額療養費制度」というものがあり、窓口での支払額が一定の金額を超えた部分は還付される**んです。

え、そうなんですか!?

一般の収入の方ですと、1ヶ月4万4400円の自己負担で済むことになります。さらに「医療費控除」として、年間10万円を超える医療費に関しては控除の対象となり、確定申告をすることで還付される可能性もあります。

そう聞くと、たしかに一時金があれば何とかなりそうですね。

はい、おっしゃるとおりです。つまり、一定額以上の貯蓄がある場合は多額の保険は不要だろうと思うのです。保険料の分を積み立て貯金して、がんになったらそこから支払って、がんにならなかったらおいしいものを食べたり、旅行に行く費用に充てるっていう使い方もありかもしれないと私は思います。**予防や検診をしっかりしていれば、基本的には保険適用内の標準治療でたいていのがんは対応可能です**。

なるほどなぁ……。だから予防と検診が必要なんですね。じゃあ先生、もしものときのためにはいくらくらい貯金があればいいんでしょうか？

１年闘病することになった場合、一般的な年収の方であれば医療費として貯金が50万円ほどあれば大丈夫でしょう。その場合には、がん保険は不要だと思われます。

ただし、場合によっては入院での治療になることがあります。入院費は別途自費になり、部屋によって１泊３０００～３万円が相場になってきます。個室での治療を望む場合はさらにかかる可能性もあるのですが、それを含めても１００万円ほどで何とかなるのではと思います。

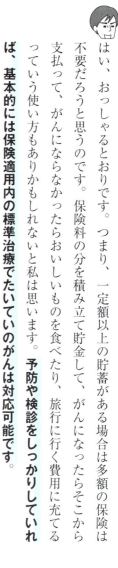

貯蓄50～100万円が一つの目安なんですね。

ええ。ただしこれは、あくまでも保険適用内の「標準治療」を進めていく場合の話だとお考えください。

標準じゃない治療があるんですか？

はい。患者さんの中には、たとえば保険適用外の「陽子線治療」や「免疫治療」などを希望される方がいらっしゃいます。これらは治療費が自費になるため、月に１００万円から２００万円ほどかかることもあります。

ええ～、月２００万！　ちょっとすごすぎですね……。

はい。これらの治療を選択できる人は、経済的にかなり余裕のある方々か、標準治療をすべて試したけれど、副作用のために続けられない、効果が出ない、という限られた場合にはなってくるかと思います。そうしたときには、現状の仕組みではかなりの負担がかかってきますので、気になる方は保険を含めて検討なさってみてください。

基本的にはそのケースは少ないんですよね？

そうですね、お伝えしたように、**予防と検診をしっかり行っていただければ、ほとんどの場合は標準治療内でおさまるもの**だと考えていただいてよいと思います。ただ、もう一つの検討事項として、人によっては入院で仕事ができなくなる可能性もあります。働き盛りの方の場合、入院した場合は家庭の収入を補てんするという意味でがん保険はありかもしれません。

そこは自分の働き方と相談というわけですね。実際の治療法については4章で詳しく紹介していきます！

まとめ

保険適用内の治療なら50～１００万円くらいの備えがあれば安心。収入保障がほしい人は「がん保険」もあり。

がんの治療って、吐いたり毛が抜けたりしちゃうんですよね？ つらそうで怖い！

具体的な治療法についても軽く聞いておきたいのですが、がんになったら基本はどんなふうに治療を進めていくものなんですか？

はい。保険適用内の治療を「標準治療」というのですが、この標準治療には大きく分けて3つの方法があり、**「手術」**、**「薬剤による化学療法」**、**「放射線治療」**です。この3つをがんのステージやがんの種類によって使い分けていくことになります。

どんなふうに使い分けていくんでしょう？

がんのステージには基本的にⅠ、Ⅱ、Ⅲ、Ⅳと4段階あり、**ⅠとⅡまでは手術で切除するのがスタンダードで、がんが進行したステージⅢ以降は化学療法**、つまり抗がん剤などの治療をしていくことが多くなります。放射線治療は局所の腫瘍《しゅよう》を制御する目的で、適宜選択されていきます。

ステージが進んでくると薬や放射線を使うわけですか！

そうですね。ただ、食道や喉《のど》など、なるべく切除したくない部分にがんができた場合などは、最初から抗がん剤や放射線を組み合わせて治療していくこともあります。

そんなパターンもあるんですか！……ただ先生、抗がん剤治療とか放射線治療とか……いろいろ聞きますよね。吐いたりとか、被ばくの問題とか、正直、あんまりいいイメージがないんですよね……。

たしかに映画やドラマなどで治療を受けている患者さんが出てくると、嘔吐していたり、ご飯が食べられなくて点滴をしていたりしますね。

そうそう、あれがつらそうで……。本当にああなってしまうんですか？

前提の部分からいくと、がんの部位やステージの進行にもよるのですが、多少の副作用はあると考えていただいたほうがいいでしょう。ただ、**抗がん剤治療を行ったとして、治療中にずっと嘔吐するようなことはまずありません**。

えっ、そうなんですか!?

吐き気が副作用として起こる抗がん剤を使用する場合にはあらかじめ吐き気止めを飲んでもらい、さらに吐き気止めを点滴し、万全の態勢で治療を開始します。

そうすると、あったとしてもちょっと食欲が落ちる程度で、私の患者さんでは治療前よりも食欲が増して体重が増えるような方もたくさんいらっしゃいます。

むしろ食欲が増すんですか！

そうなんです。そもそも抗がん剤でなぜ副作用が出るかというと、抗がん剤の多くはがん細胞を退治するためにそれ以外の正常な細胞も一緒にたたいているからなんです。

正常な細胞も一緒に傷つくということですか!?

はい。副作用には脱毛や吐き気、便秘、下痢、手足のしびれ、白血球減少、貧血などがありますが、これらは正常な細胞がダメージを受けているからなんです。ただ、正常な細胞はがん細胞に比べて回復が早いので、投与を繰り返していくことで徐々にがん細胞を小さくしていく、という仕組みになっています。

なるほどなぁ……でも、そもそも正常な細胞を傷つけない治療法ってないんですか？

実は、最近では**正常な細胞を傷つけず、悪い細胞だけを狙い撃ちする「分子標的薬」や「抗体医薬」といった薬剤**が続々と開発されていて、治療の現場で使えるようになってきています。そのような薬剤の場合はそもそも吐き気がありません。もっと言うと、脱毛も起きません。従来の抗がん剤の副作用とはかなり違うんですよ。

そんな夢のような薬があるんですか!?

もちろん使用条件や薬価の問題などもあり、万能というわけではないのですが、優れたものが続々と登場してきています。

そういえば、ノーベル賞受賞で話題になった「オプジーボ」も薬なんですか？

オプジーボ（一般名はニボルマブ）は、免疫を活性化してがん細胞を攻撃する薬剤で、ジャンルとしては「免疫療法」という、第4のがん治療法として注目を集めているものです。まだ一部のがんにしか保険適用していなかったり、効果が出るまでに時間がかかったりするなど、こちらも特有の特徴があります。

これが一番いい、という治療法はないんですか？

残念ながら現状ではすべての治療法に一長一短があります。ただし、その組み合わせによって治療できるがんもかなり増えてきているんです。がんには種類が山ほどあり、さらに患者さんの年齢や合併症の有無などの問題もあります。ベストの治療法というのは千差万別なので、医師には膨大な知識と経験が必要になってきます。

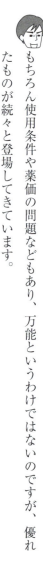

お医者さんでも、最新情報を追いかけきれていないことはあったりするんですか？

そういうケースもあるかと思います。実際、数年前と今を比較するだけでも実際の現場の常識は大きく違ってきています。ネットや本などを見てみると、相当古かったり、極端なバイアスに満ちていたりするものも散見されました。そこは患者さんにも対抗できる知識をつけていただいて、冷静に判断していただきたいと思います。

その知識は、ぜひこの本で！（笑）

はい（笑）、そのつもりで、全力で答えていきたいと思います。

なお、信頼できるお医者さんの見分け方については、5章で詳しく紹介していきます！

まとめ

治療は手術、薬剤、放射線の組み合わせで行う。治療中に副作用が出てくることもあるが、管理可能な場合が多く、治療できるがんの種類も増えてきている。

がんになったら、仕事をやめないといけない？

がんの治療というと入院して闘病生活、というイメージがあるんですけど、闘病のために働けないとか、会社をやめる、というケースは多いんですか？

いえ、実は病院で闘病生活というのは非常に稀なケースで、**ほとんどのがんは通院で治療ができます**。仕事をやめる必要もないことが多いと思います。

通院で治せるんですか！

はい。がんの種類やステージ、治療法にもよりますが、早期のがんは、手術が必要で

あっても、最長1ヶ月以内に完結します。放射線治療を行う場合も、通院で治療するのが通常で、日常生活や仕事のリズムをあまり崩さずに受けられると思います。

逆に、完全に通院だけでがんを治すということもあるんですか？

基本的に最初に検査や治療導入などの入院は必要になります。ただし、そのあとは通院による治療で治していくというパターンは多いですよ。たとえば大腸がん、乳がん、肺がんなどを薬剤で治療していく場合、入院は最初の1〜2週間だけで、あとは外来通院での治療になります。中には最初から外来で治療導入できるものもあります。

……とは言え、定期的に平日に仕事を休んだり、早退したりする必要もあるので職場の理解は重要です。必要であれば、治療導入時に職場の上司や責任者にも同席してもらって、主治医から今後の見通しなどを説明してもらうことも有効かもしれません。

まとめ

検査や治療導入時は入院が必要になることが多いが、治療は通院だけで行うケースが主流。

がん治療のプロフェッショナルって、どんな人ですか？

雑誌なんかで「がん治療の名医ランキング」みたいな特集がありますけど、治療をするときにはやっぱりそういう先生を選んだほうがいいんですか？

そうですね、ちょっと表現が難しいところではあるのですが……**がんの治療に関して言えば医師の肩書きやブランドはあまり関係ない**と考えていただいてよいと思います。

えっ、どういうことですか？

雑誌の「名医ランキング」などに入ってくるのは基本的に外科医ばかりですよね。

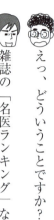

あ〜たしかに！　「○○病院の外科部長」とか。名医イコール手術のできる先生、というイメージがありますけど、何で外科医ばっかりになるんですか？

外科医の場合、執刀した症例数を具体的な数字で出せるのでランキングにしやすいこと、がんを直接切除するため効果がはっきりしているんです。

あ〜、たしかに「手術を何件しました」っていうのはわかりやすいですものね。

そうなんです。もちろん症例数は指標の一つとして大事なのですが、**がんの治療においては手術が必ずしも最高の治療法とは限りません**。化学療法や放射線治療を組み合わせていくことでより効果的な治療ができることも多いんです。

コンビネーションが大事なんですね！

はい。がんは治療の選択肢が非常に多く、一つの専門分野だけで最適な処置を行えるかというと、難しい部分があります。そこで、腫瘍内科医、放射線治療医、外科医といったように**複数人の医師で治療方針を相談して1人の患者さんを治療していく、キ**

ャンサーボードという枠組みができています。もちろん主治医はいますが、主治医がまわりの医師と相談をしながら、どんな治療法がベストか意見交換をしていくんです。

そんな仕組みが！　すでに始まっているんですか？

はい、徐々に現場にも広がってきています。

となると、キャンサーボードのある病院が望ましいということですか。

そうですね、キャンサーボードに限らず、適した病院や医師の選び方についてはポイントがいくつかありますので、このあと詳しくお伝えできればと思います。

まとめ

がん治療のプランはさまざまな専門分野を総合して考える必要があるので、医師の肩書きやブランドの優先順位は低い。

第2章

がんになる原因と予防習慣

予防できるがん、できないがん

この章では、がんになる原因だったり、予防法だったり、今わかっていることを聞いていければと思うのですが、そもそも、がんって予防方法はあるんですか？

はい、予防できるがんも、実は多いんです。

おお！　それは朗報！　ぜひ教えてください！

はい。予防といっても大きく「発症をおさえるもの」と「早期発見」と2パターンがあるのですが、ここでは発症をおさえる方法について見ていきましょう。

予防できるがんのポイントは、１章でもお伝えしたように生活習慣の改善です。そして、習慣改善の筆頭に挙げられるのが禁煙ですね。

やはりタバコですか！　禁煙をするとどんながんを予防できるんですか？

肺がん、食道がん、喉頭《こうとう》がん、咽頭《いんとう》がんなどがその代表で、他にも多くのがんに関連しています。

お酒はどうなんですか？

お酒もやはり、飲みすぎはがんのリスクになります。食道がんや肝細胞がんなどと関係してきます。ただし、適度の飲酒は心筋梗塞《しんきんこうそく》などの心血管系、脳梗塞《のうこうそく》などの脳血管系の病気の発症をおさえる報告もあり、一概に悪というわけではなさそうです。

具体的にはどれくらいがＯＫでどれくらいが飲みすぎになるんでしょう？

飲酒量の適量は、１日あたり純アルコールで20グラムまでと言われています。具体的にはワインだとグラス２杯。焼酎だと０・５合。日本酒だと１合程度ですね。

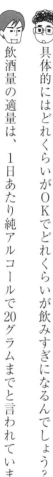

ワインをグラスで2杯っていうと、そこまで少なく感じませんね。

そうですね。食事、お酒、タバコに関しては自身でコントロールが十分に可能な習慣で、これらに気をつけるだけでがんの予防としては相当効果的です。毎日大量に飲んでいる、というような人は禁酒とまではいかずとも「節酒」することで、食道がん、肝細胞がんの発症をおさえることができます。惰性や流れのままに飲むのではなく、意識的に「今日はやめておこうかな」「これで最後にしておこうかな」とセーブするようにしていただきたいと思います。

その流れでいくと、食べすぎもまずいわけですか？

はい。高脂肪食や肥満は大腸がんなどのリスク因子です。２０１７年11月に『The Lancet Diabetes & Endocrinology』に掲載された論文によると、２０１２年に世界１７５ヶ国で発症したがんの５・６％は肥満や糖尿病が原因ということです。

へぇ〜！　大腸がん以外にも関係あるんですか？

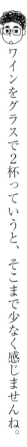

はい。**肝細胞がんや子宮内膜がんの30～40％弱が肥満や過体重が原因**と発表されています。肥満とがんの関連についてはこのあと詳しく見ていきましょう。

逆に、生活習慣とは関係ないがんもあるわけですか？

はい、残念ながら健康的な生活を心がけていても、必ずしもすべてが予防できるものではありません。たとえば白血病や悪性リンパ腫のような血液のがんや脳腫瘍《しゅよう》、肉腫《にくしゅ》などは生活習慣とはあまり関係なく、予防が難しいものです。ただしこれらも、基本は定期的なチェックと早期発見を意識していただくことで、大幅にリスク回避ができます。

検診プログラムについては、このあと3章で詳しくご紹介しています！

まとめ

大腸がん、肺がん、肝臓がんなど、主要ながんの多くは習慣による予防が効果的。
ただし、白血病や脳腫瘍などは突発性なので定期チェックが重要。

最新の研究でわかった！　禁煙を続けるとがんリスクがリセットされる

タバコの話をしましたが、喫煙はがんにとっては大敵なんですね？

はい、そのとおりです。さまざまながんリスクがありますが、喫煙ほど明確にがんのリスクが上昇するものは他にありません。

そうなんですか!?　喫煙者の声を代弁すると、「タバコを吸えないほうがストレスだ！　ストレスのほうが体に悪いのでは？」という意見もありますよね。

そうした声ももちろんわかります。医学生の頃に、喫煙者の教員が「タバコはがんに

は悪いけど、夏型過敏性肺炎の発症をおさえる可能性がある」とタバコのメリットを話していました。

肺炎ですか？　お医者さんがそう言うと妙な説得力がある気もしますが……

でもですね、私が医師になってから18年以上になりますが、夏型過敏性肺炎の患者さんを診たのはたった1人だけでした（笑）。

そんなレアケース！（笑）　実際、どれくらい吸うとよくないんですか？

喫煙量、喫煙期間、喫煙開始年齢などに明白な相関関係があり、「喫煙指数」という指標があります。**「喫煙指数」＝「1日に吸っている本数×喫煙年数」なのですが、これが400を超えるとさまざまながんのリスクが増してくる**んです。

喫煙指数ですか！　毎日1箱くらい吸っている人が20年間吸い続けているとすると……20本×20年＝400ですね。

そうです。毎日2箱、40本吸っている人の場合は10年で400を超え、20本で20年間吸い続けている人と同等のリスクになります。

あらためて、タバコはどんながんに関係してくるんでしょうか?

疫学的に言われているのは、口腔がん、鼻腔《びくう》がん、副鼻腔《ふくびくう》がん、咽頭《いんとう》がん、喉頭《こうとう》がん、肺がん、食道がん、すい臓がん、腎盂《じんう》がん、膀胱《ぼうこう》がん、胃がん、肝細胞がん、腎細胞がん、子宮頸《けい》がん、骨髄性白血病があります。ざっと**15種類以上**です。

そんなに!?

そうなんです。タバコには約４０００種類もの化学物質が含まれており、その中に、ニトロソ化合物、アセトアルデヒド、ヒ素、カドミウムなど２００種類以上の有害化学物質と60種類の発がん化学物質が含まれています。

そうやって数字で言われるとおそろしくなってきますね……。

はい、タバコは本当に百害あって一利なしと言ってもいいものなので、医師としては絶対におすすめできませんね。特に子どもは副流煙で中耳炎などの疾患が起きるケー

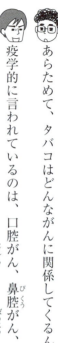

スもありますから、できる限り禁煙の方向でがんばっていただきたいと思います。

すでに吸っている人の場合、もう喫煙リスクを抱えていくしかないんですか？

それに関してはですね、おもしろいデータが出てきました。東京大学と国立がん研究センターの研究で、日本人32万人分のデータを解析した結果、禁煙を続けることで発がん率が低下することがわかったんです。

ええ、それはすごい！　どれくらい禁煙を続ければいいんですか？

男性の場合は、21年間禁煙を続ければタバコをまったく吸わない男性と同じくらいまで発がん率が下がり、女性の場合は11年で発がんリスクがリセットされるという結果になりました。

すごい！　リセットまで持っていけるんですね！

時間はかかるのですが、確実にリスクを減らすことができます。他にも禁煙のメリットはさまざまあるんです。

どんなメリットですか?

まず、**禁煙して10年後には肺がん以外の発がんリスクも半分になります。さらに、脳卒中や呼吸器疾患、循環器疾患のリスクも減らす**ので、結果的に早く禁煙すればするほど、寿命が明らかに長くなります。

禁煙が長生きにつながるんですか!?

はい、40歳で始めれば9年、50歳で始めれば6年、60歳で始めても3年寿命が喫煙者に比べて長くなるというデータがあります。さらには、不妊や流産などの可能性も低くなるなど、メリットは多々あります。

そう考えると、喫煙って本当に体にはよくないんですね……。

まとめ

禁煙はがんリスクの大幅な低下、寿命が延びるなど、メリットだらけ。逆に言うと、それだけ喫煙は体に悪い。

太ると、13種類のがんのリスクが高まる！

太っているとがんリスクが上がると聞きましたけど、何のがんになるんですか？

世界保健機関（WHO）と食糧農業機関（FAO）の報告によると、肥満は食道がん、結腸がん、直腸がん、閉経後乳がん、子宮体がん、腎細胞がん、胆嚢《たんのう》がんのリスクを高めることが報告されています。

乳がんまで関係あるんですね!?

そうなんです。最近も「British Journal of Cancer」オンライン版（2018年4月25

日）に掲載された報告で、**過体重や肥満は大腸がん、乳がん、すい臓がんなど13種類のがんと関連している**と発表されています。

13種類ですか！

前述の調査では、ウエスト周囲の長さが1標準偏差（SD）増大するごとに肥満関連のがんリスクは13％上昇、ヒップ周囲の長さが増大すると9％上昇、ウエスト・ヒップ比が大きくなると15％上昇という結果になっています。標準偏差というとわかりにくいと思いますが、要は一回り大きくなるとリスク増大してくるということですね。

なんと！　腰まわり、お尻まわりの脂肪って危ないんですね。

太っているから即がんになる、というわけではないのですが、肥満とがんリスクの関連性が高いことは確かです。当然がんだけでなく、糖尿病、高脂血症、高血圧などの生活習慣病のリスクも高めるので、肥満はできるだけ避けるのがよいと思います。

何かおすすめのダイエットはありませんか？

個人的な見解になりますが、急激な運動や食事制限、またお手軽なサプリの類《たぐい》ではなく、小さな行動習慣を変えることをおすすめしたいです。たとえば夜10時を過ぎたら食べないとか、スナック菓子を食べないとか、エスカレーターではなく階段を使うとか、毎日の生活で継続できることを変えることが健康への近道だと思います。

減量ペースはどのくらいが理想なんでしょう？

1ヶ月に1キロ程度を目安にしていただければ、無理なく、リバウンドも起きづらいでしょう。これくらいであれば生活を劇的に変える必要はないかと思います。習慣は自分でコントロールできるものですから、ぜひ取り入れてみてください。

まとめ

肥満・過体重は13種類ものがんと関連がある。
腰回りが一回り大きくなるごとにリスク増大！

食品添加物はやっぱり体によくない？

先生、最近ジュースやお酒には人工甘味料がよく入ってますよね。ある本で、人工甘味料は発がん性があるとか、結局砂糖と変わらないとかいろんな話があります。実際はどうなんでしょうか？

おっしゃるように、人工甘味料に関してはいかにも悪者のように書かれていることがあります。しかしですね、実際にはまだよくわかっていないことが多いんです。

「よくわかっていない」ですか！

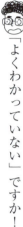

はい。2019年1月のBMJに掲載された研究で、ドイツのフライブルク大学が人工甘味料を摂取した人たちが健康上問題を起こしたか調べたものがあります。この結果、**人工甘味料を摂取していない人と摂取した人の間で大きな差は見られない**、という結果が出ています。

差がないんですか！

はい、そうなんです。ただし一方で、人工甘味料が体にいいかというと、そのエビデンスもないので楽観はできない、という報告です。つまり、明らかに有害ということはなく、かといって、有益かというとそれもわからない、という段階です。

だからよくわからないと……。

そうなんです。私の個人的な意見としては、あくまでも常識の範囲内というか、微量であればそこまで気にする必要はないように思います。**大量に摂取すれば、何だって体に悪いですし、その逆もしかり**かと思います。

たしかに、ふつうのコーラをガブガブ飲むのも、ダイエットコーラをガブガブ飲むのも、あまり変わらない気がしますね……。

もちろん、人工甘味料を大量に摂取すると依存症になったり、体内でのインスリン分泌が過剰になったりして、悪影響を及ぼすこともあります。体質によっては下痢などの消化器症状を起こす人もいますので、その点は体質と相談するのがよいでしょう。

最後は自己判断で……ですね。人工甘味料以外にもコンビニ弁当や加工食品には発がん性物質が含まれている、なんて話も聞いたことがあるんですがどうなんですか？

たしかにそういう話もありますが、国も厳格な基準値を設けていますから、何十年も毎日同じものを大量に食べ続ける、というようなことでなければそこまで神経質になる必要はないかもしれません。**ただ、どうしても高カロリー、高脂肪、高塩分、高コレステロール、といった食品が多くなりますので、発がん性物質以前に気をつけていただいたほうがいい**かと思います。

研究として「これは発がん性物質なので絶対にやめるべき」というものはあったりす

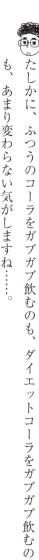

るんですか？

現時点で、科学的根拠に基づいた発がん性のある物質というものはある程度は特定されています。たとえばアフラトキシンというカビの毒素の一種があります。これは、摂りすぎるとがんの発生のきっかけになることがわかっています。

カビ！　何に入っているものなんですか？

落花生、ピスタチオ、ヘーゼルナッツ、アーモンドなどに含まれることがあり、食品衛生法で厳格な基準が定められています。

そういう情報はどこから取ればいいんでしょうか？

政府や国際機関の発表がもっとも信頼できますが、なかなかフォローし続けるのは現実的ではないでしょう。

そうなんですよね、どうも難しそうで……。

そこで、一つ役立つ指標があって、ＷＨＯとＦＡＯが「食物、栄養と慢性疾患の予防」と題する報告書を２００３年に発表していて、その中で、エビデンスに基づいてがんの予防ができる食事指針を提案しています。

何ですかそれ！　教えてください！

次のとおりです。

エビデンスに基づいたがんの予防

①　成人期での体重維持
②　定期的な運動の継続
③　飲酒はしない
④　中国式塩蔵魚の摂取や塩蔵食品・食塩の摂取は控えめに
⑤　アフラトキシンの摂取を最小限に
⑥　野菜・果物を少なくとも1日400グラムとる

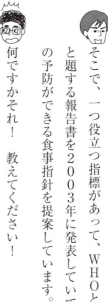

⑦ ソーセージやサラミなどの加工肉の摂取は控えめに
⑧ 飲食物を熱い状態でとらない

かなり具体的なんですね！　④の塩蔵魚っていうのはどういうものですか？

これは、魚介類に塩を加えて保存性を高めている食品のことです。たとえば、塩をふった鮭、魚卵などがこれに当たります。塩の過剰摂取は胃がんのリスクを高めるんですよ。男性なら1日当たり9グラム未満、女性なら1日に7・5グラム未満が目標です。

飲食物を熱い状態でとらないというのは？

これも、熱すぎるものは内臓、特に食道の粘膜を傷つけるからですね。食道がんのリスクを高めるので、煮えたぎっているような熱々のものは控えたほうがよいでしょう。

なるほどなぁ……僕、お酒を飲んだあとに激辛ラーメンを食べるのが好きなんですけど、やばいですか？

あ〜、まずいですね（笑）。高塩分、高脂肪、さらに熱々で激辛。粘膜も臓器も悲鳴を上げていることと思います。

……すぐに改めます‼　やはり、内臓に負担をかけないということが重要なんですね。

はい。そもそもの話をすれば、**発がん性物質もそうなのですが、それ以上に体に負担をかけない食習慣や生活習慣に改善していくほうが予防としては効果がある**と思います。

お酒、塩分、添加物、お肉、乳製品など、適量ならば何ともないことも、過剰な摂取になれば体を壊す原因になります。

ベーコンやソーセージなどの加工食品も、ほどほどであればそこまで問題はないのですが、アメリカ人のように大量に摂取していると問題が出てきます。

薬も飲みすぎれば毒になる、ということですね……。

そうですね、水だって飲みすぎれば人体に悪影響を与えますし、アルコールも少量は薬、大量は毒になってしまいます。とにかくバランスを心がけ、節制するところと楽しむところのメリハリをつけていく必要があるとは思います。

「すぎる」のがよくないんですね……。これは、反省です。

まとめ

添加物の摂取は過剰に気にする必要はない。何でも大量に摂取したら体に悪影響が出るので、体に負担をかけない食事を。

ほくろが「がん」になると超やっかいな悪性黒色腫になる！

昔からよく聞く話なんですけど、「ほくろががんになる」と言うじゃないですか。本当なんですか？

結論から言うと、本当ですね。そもそもほくろは、医学的な名称としては色素《しきそ》性《せい》母斑《ぼはん》という腫瘍なんです。

ええっ、腫瘍というくくりなんですか!?

そうです。腫瘍といっても良性のものなのですが、良性のほくろが慢性的な刺激や紫

外線などを受け続けると、悪性化してがんになる可能性があります。その場合は**悪性《あくせい》黒色腫《こくしょくしゅ》という、とってもたちの悪いがん**に変身します。処置が遅れるとどんどん転移していってしまうんです。

ええ〜っ！　とんでもなく怖いですね。紫外線は太陽を浴びるということだと思うんですけど、刺激を受けるっていうのはどういうことですか？

刺激というのは、**物理的にこすれたりとか、何らかの痛みを与えたりとかということです。その意味では、特に要注意なのは足の裏のほくろ**です。

足の裏？

はい、歩くときにいつも刺激を受けていますから悪性化する危険があります。ほくろのサイズが大きくなったり、盛り上がっていたり、形がいびつだったりした場合は早めに皮膚科で受診したほうがいいでしょう。

なるほどなぁ、足の裏ってあまり見ないですからね……。っていうか、先生、僕の足

ほくろが悪性黒色腫かどうかを見分ける「ABCDE」ツール	
Asymmetry（非対称）	形が左右で非対称
Border（輪郭）	ほくろの輪郭がギザギザしている
Color（色むら）	色むらがある
Diameter（大きさ）	直径が6ミリ以上
Evolving（変化）	大きさ、色、形に変化がある

の裏にもあるんですけど、悪性かどうか見分ける方法ってないんですか？

はい、判断するためのツールとして「ABCDE」というのがあります。

ABCDE？

はい、それぞれ**Asymmetry（非対称）**、**Border（輪郭がギザギザしている）**、**Color（色むらがある）**、**Diameter（大きい）**、**Evolving（変化がある）**の略になります。

このようなサインがあれば、早目に大きな病院の皮膚科に受診したほうがいいでしょう。

観察しておくことが大事なんですね。

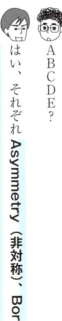

実は、私も医学生のときにこの勉強をして不安になって、足の裏を見たら、なんと5ミリ程度のほくろがありまして（笑）。

ええ〜!?

輪郭がいびつだったので、不安になって近所の皮膚科に行ったら、私が勉強している大学病院を紹介されました（笑）。

そんなまさか！　で、どうだったんですか？

実は悪性になりかけの「ぎりぎりセーフ」の状態ではあったのですが、悪化する可能性が高かったのですぐに切除してもらいました。

危なかったんですね！　切除は簡単にできるんですか？

はい、悪性になりかけくらいの段階でしたので手術はすぐに終わります。
ちなみにですが、ほくろを切除するときにはほくろから数ミリの余裕をもって大きめに切除します。もし悪性黒色腫の場合は切除する範囲が狭いと血流に乗って、全身に拡散してしまうリスクがあるからです。私ももう少し見つけるのが遅くなっていたらどうなっていたかわかりません。

早期発見、本当に大事なんですね。ちょっとでも気になったら皮膚科へ、ですね。

まとめ

刺激を常に受けている足の裏のほくろは要注意！
ＡＢＣＤＥで観察してみて、おかしいと思ったら皮膚科へ。

「感染するがん」があるらしい

一応聞いておくんですが、がんってまさか感染はしないですよね？

いえいえ、実は、中には「感染するがん」もあります。

感染!?　そうなんですか！

はい、そうなんです。たとえばヘリコバクターピロリ菌が胃に感染していると胃がんになりやすくなります。

ピロリ菌って、胃《い》潰《かい》瘍《よう》の原因っていうやつですよね？

そうです。ピロリ菌は衛生状況のよくない環境の水を飲んだりすることで感染するのですが、高齢者の半数以上が保菌していると言われています。

ええ！　どうして高齢者が多いんですか？

それは衛生環境によるところが大きいです。昔は今と比べて井戸水を生活用水としていたり、上水道の整備が整っていなかったりしたので、そこからピロリ菌に感染することがありました。しかし、今では環境が整備されていて、日常の飲水で感染することは少なくなってきています。

それなら安心です！　ピロリ菌ってすぐ治せるんですか？

はい。**ピロリ菌は抗生剤と胃薬を組み合わせた薬剤を1週間内服するだけで約8割の人が除菌できます**。

薬でほぼ治せるというわけですね！　検診ですぐ見つかるんですか？

ピロリ菌の検査方法としては、上部消化管内視鏡検査、いわゆる「胃カメラ」で調べる方法、血液検査でピロリ菌の抗体をチェックする方法、検査薬を使った「尿素呼気試験」でチェックする方法があります。いずれも検査ですぐにわかりますよ。

血液検査もあるんですね！　いずれにしても、ピロリ菌に感染しているかどうかを調べることが大事というわけですね。

そのとおりです。あらかじめピロリ菌に感染しているかどうかを調べて、みんなが除菌すれば、胃がんの発症率は間違いなく下げられるはずです。

ピロリ菌以外にも感染するがんはあるんですか？

はい、他にもいくつかあります。成人T細胞性白血病という白血病の一種があるのですが、この原因である**「HTLV-1ウイルス」は乳児の頃の母乳摂取で感染します**。

HTLV-1ウイルスにかかっているお母さんのおっぱいを飲むと、赤ちゃんも感染してしまうんですか？

そういうことです。成人T細胞性白血病は化学療法が効きにくく、今もかなり治りに

くい病気の一つです。

えっ、薬でも治りづらいんですか!?

はい。しかしですね、感染している母乳を飲まなければいいわけですから、妊婦さんの HTLV-1 の抗体検査を行い、感染している母体の場合は、母乳ではなく人工乳に切り替えれば、この世から HTLV-1 ウイルスを撲滅できる可能性があります。

そうか、そもそもの感染経路を断てばいいわけですね。他にも何かありますか？

はい、ヘルペスウイルスの一つである「EB（エプスタイン・バール）ウイルス」も、持続感染することで悪性リンパ腫や咽頭がんなどの原因になります。このウイルスは、幼少期から思春期に唾液《だえき》を介して感染することが知られています。

唾液で！

はい。「キス病」という俗称もあるくらいです。発症した場合には正式には「伝染性単核球症」と言いますが、若い人の間で増えています。キスの他には、飲みものの飲み

回しなども原因として考えられます。

キス病ですか……。でも、ヘルペスウイルスの仲間なんですよね？　ヘルペスウイルスががんにつながるんですか？

初感染のときには症状がない人も多いのですが、場合によっては発熱、リンパ節腫脹《しゅちょう》、肝機能障害、皮疹《ひしん》などの症状が出る場合もあります。このウイルスが持続感染すると、器官に慢性的な刺激を与え続けるので、結果として悪性リンパ腫や咽頭がんなどになるリスクが高くなります。

やっぱり刺激があるというのはよくないことなんですね。薬で治せるんですか？

それが、残念ながらこのウイルスに対する治療薬は現時点ではないんです。とはいえ、**90％以上の人が抗体を持っており、自然治癒する場合がほとんど**ですので、健康的な生活を送っていればそこまで問題にはなりません。

なら一安心ですね……。

その他、HPV（ヒトパピローマウイルス）も子宮頸がんの原因として知られています。このウイルスに対してはワクチンが開発されていて、**感染前に接種することで予防効果**が認められています。

基本的には検診を受けることで予防なり対処なりができるということですね。気になる検診の受け方については、このあとお伝えしていきます！

まとめ

ピロリ菌による胃がんなど、感染するがんもいくつかあるが、基本的には検診で予防や対処ができる。

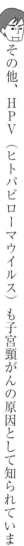

第3章

正しいガン検診の受け方

理想的な検診方法、5種(女性は6種)を公開!

ここからは検診方法について聞いていきたいのですが、先生。そもそも前提として、検診は受けたほうがいいんですよね?

そうですね、がん治療の基本は「早期発見、早期治療」。検診はぜひ受けていただきたいと思います。**発見が遅れると標準治療ができないケースが出てきたり、もう手遅れで代替療法しか選択肢が残されていない**、といったこともあるんです。

中には「自然のままに任せよう」という思想もあるみたいですね。

もちろん思想自体は自由ですから、どんな思想を掲げていても問題ありません。ただ、医療も日々進歩しています。**適切な時期に治療すれば体への負担は最小限で治せたはずのがんが、代替療法などを探したり、病院嫌いで検診を怠ったりしたせいで、気づいたときには手遅れ、というケースは少なくない**んですよ。

標準治療を受けている人の割合はどれくらいなんですか？

国立がんセンターの統計では、標準治療を受けた人の割合は73％と発表されています。

逆に言うと、27％の人は別の方法を選んでいる、ということですか。

はい。ある患者さんも、化学療法や手術は避けたいとさまざまな代替療法を試していたのですが効果が見られず、私のところに来たときには進行期で、治療の選択肢が限られていた、ということもありました。

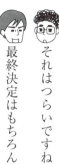

それはつらいですね……。

最終決定はもちろんご自身でなさってよいので、検診を受けてがんが見つかった場合、どんな選択肢があるのか、どんなことができるのかを知っておくことは決して悪いことではないと思うんです。

たしかに……。まずは王道を試して、そのあとに他の道を探す、というほうが自然なのかもしれませんね。……でも、検診といっても種類がたくさんありますよね？

おっしゃるように検診は非常に幅が広いんです。自治体の定期検診、職場の健康診断、自費の人間ドックなどさまざまです。

そうなんですよね、内容もどうすればいいのかわからないし、頻度もよくわからないですし。これだけ受けとけば安心っていう検診方法はないんですか？

その人の病歴やそのときの症状、家族歴などによって適切な検査は変わってくると思うので一概には言えないのですが、私が個人的におすすめするのは**①全身CT、②胃カメラ、③大腸カメラ（もしくは便潜血検査）、④一般的な採血と、⑤代表的な腫瘍《しゅよう》マーカーの5種類**です。女性の場合は、これに加えて**⑥乳がんと子宮頸《けい》がんの検査**も年に1回お願いしたいところです。

明星先生おすすめ検診コース

① 全身CT
② 胃カメラ
③ 大腸カメラ（嫌ならば、便潜血検査でも可）
④ 採血検査
⑤ 腫瘍マーカー（CEA、CA19－9、余裕があればSCC、男性はPSA）
⑥ （女性の場合）乳がん・子宮頸がんの検査

お～！　具体的！　一つずつ聞いていきたいのですが、まず①の全身CTとは？

これは首から骨盤あたりまでのCT撮影になります。肺や肝臓、腎臓《じんぞう》などのさまざまな部位が見られるので、できれば全身CTがよいと思います。**ただ、胃や腸の内部まではCTでは見えにくいので、②胃カメラや③大腸カメラで補てんするのがおすすめ**です。大腸カメラを受けたくない場合は、便潜血検査でも構いません。

便潜血検査はどういうものなんですか？

便に血液が付着しているかどうかを見るもので、大腸がんなどがあると出血があることが多いので、その簡易的な検査になります。

便で出血を見るわけですか。では、続いて④が採血検査ということですが、採血でがんかどうかがわかるんですか？

採血の検査にもいろいろと種類があるのですが、**がんについては「生化学」と「血算」という検査が重要**になります。

生化学と血算？　何か特別なものなんですか？

いえ、どちらも一般的なものですよ。生化学は感染症の有無、肝臓や腎臓の状態を確認できるもので、血算は血液中の赤血球、白血球などの細胞の数や種類を調べるものです。他にもコレステロール、中性脂肪、血糖などが調べられます。それらの結果を総合的に診ることでがんの有無を判断する参考になります。

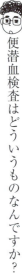

⑤の腫瘍マーカーはどういうものなんですか？

これも種類としては血液検査なのですが、がんがあると血液中に特殊なタンパクや酵《こう》素《そ》ができることがあります。その数値を採血でチェックできるのが腫瘍マーカーと言います。この数値を参考にすることで、がんの有無を図る参考にできるんです。

へぇ、そんなものが！　どんながんにも対応しているんですか？

腫瘍マーカーはがんの種類によって異なるのですが、私がおすすめするのは胃がん、大腸がん、すい臓がんなどの腺《せん》がんのマーカーである**CEA**と**CA19-9**というものです。余裕があれば**SCC**という肺がんや食道がんの扁平上皮《へんぺいじょうひ》がんのマーカーも受けておきたいですね。男性なら前立腺がんのマーカーの**PSA**というものも受けていただきたいと思います。人間ドックのプログラムに含まれていることもありますので確認してみてください。

女性の場合は、⑥乳がんと子宮頸がんの検査もということですが、これは必須ですか？

はい、**乳がんや子宮頸がんは早期発見しやすいがんの一つなので、1年に1度くらいのペースで経過を見ていただけると安心**かと思います。

そうは言っても、1年に1回で大丈夫なの？　って気になってしまいそうですね。

ええ……実際ですね、「気にしすぎ」というのもよくある問題です。

「気にしすぎ」ですか？

はい。きちんと検診を受けて「大丈夫」と太鼓判を押されていても、心配になる方がいらっしゃいます。毎月のように全身CTを撮ったり、年に複数回PET検査という放射線量の高い検査をしていたりする人もいるのですが、これらは放射線の被ばくのデメリットのほうが上回ってしまう危険性もあります。

ええっ!?　それは本末転倒ですね。

そうなんです。**心配することで時間や精神力も消耗してしまうので、きちんと検診を受けている場合は、健康面に関してはあまり気にしないのがよい**でしょう。

先生にそう言ってもらえると安心できますね。

検診の内容もそうなのですが、**一番いいのはがんに限らず健康面の相談をすぐにできるかかりつけの主治医を見つけておくこと**ですね。それは、決して知人である必要はなく、自分が信頼できると思う医師を見つけて、普段からささいなことでも報告しておくと、ある程度フィルターをかけてくれると思います。

かかりつけの信頼できるお医者さんですね。その選び方のポイントはこのあと5章でお伝えしていますので、ぜひあわせてご参照ください。
でもですね先生、急にがんができて、急に悪くなる、ということはないんでしょうか？

それについては、いくつかのポイントがあるので、このあと見ていきましょう。

まとめ

検診は1年に1回でOK。
主治医を持って、定期的に診てもらうことが何より重要。

もしかして、がん……？
急いで受診したほうがいい10パターン

基本的に検診は1年に1回でいい、という話でしたが、急にがんができて急に悪くなる、ということはないんですか？

気になるところだと思います。基本的に検診は1年に1回で問題ありません。ただし、早目に受診したほうがいい場合としては次のような症状が出ているときです。

早めに受診しておいたほうがいい10パターン

① ダイエットをしていないのに直近3ヶ月で体重が10％以上減少した場合

② 原因不明の発熱が続く場合、また毎晩大量の寝汗をかく場合
③ 急に血糖値が上昇して糖尿病と言われた場合
④ 咳が長引き、痰《たん》に血が混じっている場合
⑤ 便が黒くなったり、急な便秘や便が細くなってしまった場合
⑥ 爪が反り返ってスプーンのようになっている場合
⑦ 下のまぶた（の裏）が白い場合
⑧ 舌のひだひだがなくなった場合、また口内炎や舌炎《ぜつえん》がなかなか治らない場合
⑨ 以前よりも口臭がきつくなった場合
⑩ 皮膚が以前よりも黒ずんでいる場合

これらのパターンのいずれかが出てきた場合には、別途検査をおすすめします。

ずいぶんと具体的ですね！　それぞれ詳しく教えてもらってもいいですか？

はい。まず①の体重についてですが、がんがあると栄養を消耗させされて体重が減少

することがあるんです。目安は**3ヶ月以内に体重の10%で、たとえば体重60キロの人が特にダイエットもしていないのに3ヶ月以内に6キロやせた**、という場合にはがんの可能性を疑ってもよいと思います。この場合、全身のチェックをおすすめします。

熱も出るんですね？

はい、ケースバイケースですが、**がんになると腫瘍熱《しゅようねつ》という発熱症状が出ることもある**ので、37度台の微熱がずっと続いている、という場合にはこちらも精密検査をおすすめします。また、一晩で着ているシャツを着替えなければならないほどの寝汗をかくような場合は、特に血液のがんの一種、悪性リンパ腫の可能性があります。

3つ目は糖尿病ということで、意外な気がしますが関係があるんですね？

はい、**以前の健康診断ではまったく問題なかったのに、急に糖尿病になった、というような場合はインスリンの分泌が急激に落ちた**という可能性があります。可能性の一つとして、すい臓がんであることも考えられるんです。

なるほど、臓器が正常に働いていないから急に病気になる……ということもあるわけですね。

そのとおりです。その点、④に挙げた咳や血痰も肺の異常が考えられます。咳が異様に長引く、痰に血が混じっている、という場合には、肺がんや結核の可能性があるので、早急に肺のＣＴを撮影する必要があります。

便も大事な要素なんですか？

かなり大事な要素です。便が黒くなったような場合は、胃からの出血が原因として疑われ、胃潰瘍《いかいよう》や胃がんの可能性があります。この場合には胃カメラをする必要があります。また、今までは快便だったのに、急に便秘になったり、便が細くなったりした場合は大腸がんの可能性もあります。便潜血検査や大腸カメラをおすすめします。

がんになると出血というのはよくあることなんですか？

はい、代表的な症状の一つです。ですから、貧血の有無もがんに関係してきます。

貧血ですか!?

はい、**貧血があるということはどこからか出血している可能性がある**ということです。その点、⑥の爪が反り返ってスプーンのようになっているのは貧血のサインです。また⑦のあっかんべーをしたときに見える下まぶたの裏の部分は通常赤いのですが、これが白いとやはり貧血のサインです。さらに、⑧の舌も鉄欠乏の状態になるとひだひだが収縮して平坦になるんです。これらのサインが出ていた場合、胃がんや大腸がん、子宮頸《けい》がん、子宮体がんなどの可能性がないかチェックをおすすめします。

口内炎も関係するんですね?

はい。**なかなか治らない口内炎や舌炎がある場合は、舌《ぜつ》がんなどの可能性もある**ので、口腔外科受診をおすすめします。さらに、9つ目の口臭は自分ではなかなか気づきにくいのですが、嫌な口臭がするようになったら、消化器系のがんの可能性があります。胃カメラや口腔外科受診をおすすめします。

最後の皮膚の黒ずみというのは?

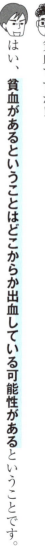

内臓にがんがあったとき、皮膚にその兆候があらわれることがあります。これを「デルマドローム」といって、症状は多岐にわたるのですが、皮膚の黒ずみが代表的です。また眼瞼《がんけん》の浮腫《ふしゅ》、つまりまぶたのむくみが出てくる場合もあります。ふだんと違った皮膚の状態があれば、胃がんや肺がんなどの可能性もあるのでチェックが必要です。

こう見ていくと、自分の状態をチェックしておくことで兆候が見つかりやすいものもありそうですね。

そうですね。定期的な検診はもちろん、日々の自分の体の状態をきちんと把握しておいて、何かおかしいぞ、というときには病院に。これはがんに限らず病気をふせぐ王道になると思います。

まとめ

がんの多くには、「予兆」がある。それを見逃さないよう、自分の体の状態に意識を向ける。

見つけやすいがん、見つけにくいがん

検診の目安はわかったのですが、検診をしていても発見しづらいがんってあるんですか？

はい、残念ながらがんには検診などで比較的発見しやすいものと、しづらいものがあります。

たとえば大腸がんは早期発見しやすいがんの一つで、大腸カメラをして1年前には異常がなかったのに、今年いきなりがんが出てきた、ということは稀です。たいていは小さなポリープから徐々に大きくなり、悪性のがんになっていきます。つまり定期的な大腸カメラを行っていれば大腸がんの早期発見は可能です。

大腸がんは見つけやすいんですね。胃がんはどうなんですか？

胃がんに関しても基本的には発見しやすいです。ただし、スキルス胃がんといわれるⅣ型胃がんの場合は進行が早く、毎年胃カメラをやっていても発見できないことがあります。

えっ、胃カメラでも発見できないんですか!?

胃がんの中でも10％ほどの珍しいがんなのですが、やっかいなことに初期段階では潰瘍などわかりやすい症状が確認できないことがあります。そのため、気づいたときにはがんが進行して転移していた、ということの多いがんです。

怖いですね……症状でわかったりしないんですか？

胸焼け、下痢、胃の不快感や食欲不振、また急な体重の減少があることもあるので、おかしいなと思ったら受診をおすすめします。

他にも見つけづらいがんにはどんなものがあるんですか？

代表的なものはすい臓がんや胆管《たんかん》がんです。腹部超音波ではなかなか見つけることができず、**造影剤という薬剤を入れた「造影ＣＴ」で初めて発見できる**ようなものです。がんが進行するまで症状があらわれにくく、黄疸《おうだん》が出てやっと診断されることが多くなります。

早く気づくにはどうすればよいでしょう？

この章の最初にお伝えしたように、**定期的なＣＴと腫瘍マーカーのチェック**が必要になってきます。

ＣＴ検査じゃないと見つからないがんは多いんですか？

はい、たとえば肺がんも会社の健診で行うような通常の胸部レントゲンでは腫瘍がそれなりに大きくなってからでないと写りません。腫瘍が数ミリ程度の小さいうちに発

見するためにはCT検査が優れているんです。ちなみに肺のCTだけだったら5分以内に検査は終了します。

5分で！　早いですね。

喫煙者などリスクが高い方は、ぜひ毎年受診することをおすすめします。ちなみにですが、急性白血病は発症してから1～2週間で悪化する進行の極めて早いがんです。

たったの1～2週間ですか!?

はい。このような疾患の場合は、毎年検診を受けていたとしても早期発見はできません。体に不調が出た場合には、ただちに受診をしてください。

まとめ

すい臓がん、胆管がん、Ⅳ型胃がんなどは見つけづらいが、毎年の腫瘍マーカーやCTで発見確率は上がる。ぜひ定期検診を！

リンパ節の触診でセルフチェックができるらしい

先生、検診方法もそうなのですが、自分で見つけるためのセルフチェックの方法ってないんですか？

自宅でできるセルフチェックとして、リンパ節の触診があります。

リンパってよく聞くんですが、何なんですか？

リンパ節は全身にあるもので、免疫の一翼を担っています。風邪をひくと首のリンパ節が腫れることがありますよね？

あ〜、よくあります！　熱が出たときとか。

病原菌などが入ってくると、それを止めようとしてリンパが反応しているんです。

あ、働いているからリンパが腫れるんですね！

はい、がんも同様で、がんがリンパ節に転移したり、リンパ節そのものががん化して「悪性リンパ腫」になることもあり、このような場合はリンパ節が腫れてきます。そうしたときに触診で気づくことができる可能性があります。

腫れているときのサイズの目安はあるんですか？

通常のリンパ節のサイズは1センチ以下ですが、1センチ以上になると悪性の可能性があるので早目の受診が必要です。体の外からさわることができるリンパ節として**代表的な場所は、あごの下、首、わきの下、足の付け根**です。

首、わきの下、足の付け根ですね。どうやってさわるといいでしょうか？

リンパ節の触診方法

石鹸をつけ、指で円を描くように

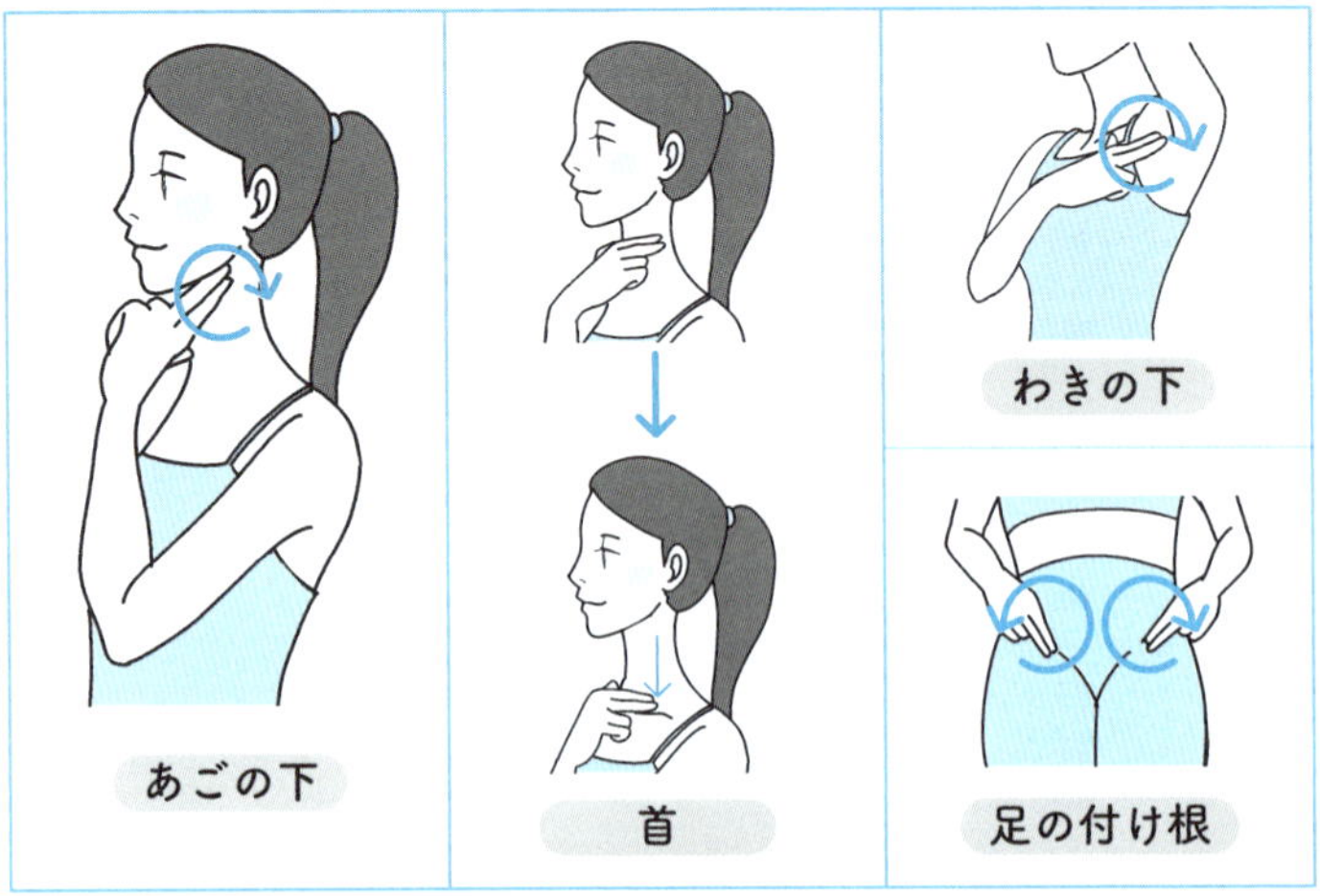

お風呂に入った際に石鹸《せっけん》をつけてさわると比較的わかりやすいと思います。

石鹸をつけた状態で2～3本の指で円を描くように患部をチェックしていきます。

円を描くようにですね。

はい。さらに言えば、この方法は乳がんのチェックにも応用ができます。

リンパ節の触診と同じく、お風呂に入った際に石鹸をつけた状態で、指で円を描くように乳房の全体をチェックします。

いつもと違うしこりや痛みを感じたら早めに乳腺外科で受診したほうがいいでしょう。

ちなみにですけど、乳がんは見つけやすいがんなんですか？

はい、乳がんは比較的見つけやすいがんです。検診としてはマンモグラフィーや乳房の超音波検査があり、どちらも精度が高く信頼できる検査です。マンモグラフィーはレントゲン画像として見られるので、撮影後に複数の医師で病変の有無のチェックが可能です。

一方、超音波検査の場合は、検査をする技師や医師の技量に左右される部分が大きいので、きちんと講習を受けている技師がいる施設での受診をおすすめします。

まとめ

首、わきの下、足の付け根のリンパは自分で触診ができる。

定期的にさわって、「健常時」の大きさを把握しておく。

レントゲンとＣＴはどう違う？

先生、個別の検査についてもう少し詳しく聞きたいのですが、検診のおすすめとしても出ていたＣＴについて教えてください。レントゲンとの違いがよくわかっていないのですが、どんな検査なんですか？

まずレントゲン検査ですが、これはエックス線という放射線を使って体内の写真を撮る検査です。発見当時、未知の放射線だったことから「エックス」と名づけられたんですよ。レントゲンというのは、その発見者であるドイツの物理学者のことです。

へ～、未知の光線だからエックス線！

そのレントゲンですが、昔から肺がんなどの検査では胸部レントゲンが主な手段で、今でも会社の健康診断などで使われることが多いと思います。

はい、僕も何回か受けたことがあります！

実は**胸部レントゲン検査では1センチ以下の小さな腫瘍を見つけることは至難の業《わざ》です。また、心臓や横隔膜《おうかくまく》に隠れた腫瘍も見落とす可能性が高くなります**。つまり、この検査だけでは検診としては不十分なんですよ。

え〜！　そうなんですか!?　万が一見逃しがあったらと思うと怖いですね……。

そうなんです。そこで、替わりに生まれたのがＣＴ検査です。

ＣＴ検査もエックス線を使ったものなのですが、こちらは体幹を輪切りにすることで心臓の裏や横隔膜の裏などの隠れた腫瘍も発見できます。また、細かく輪切りにして検査するので、１ミリ程度の小さな腫瘍も見つけることができるんです。

たとえば喫煙者の方に多い肺気腫も、胸部レントゲンでは判断しにくいですが、ＣＴだと一目瞭然でその程度を判断できます。

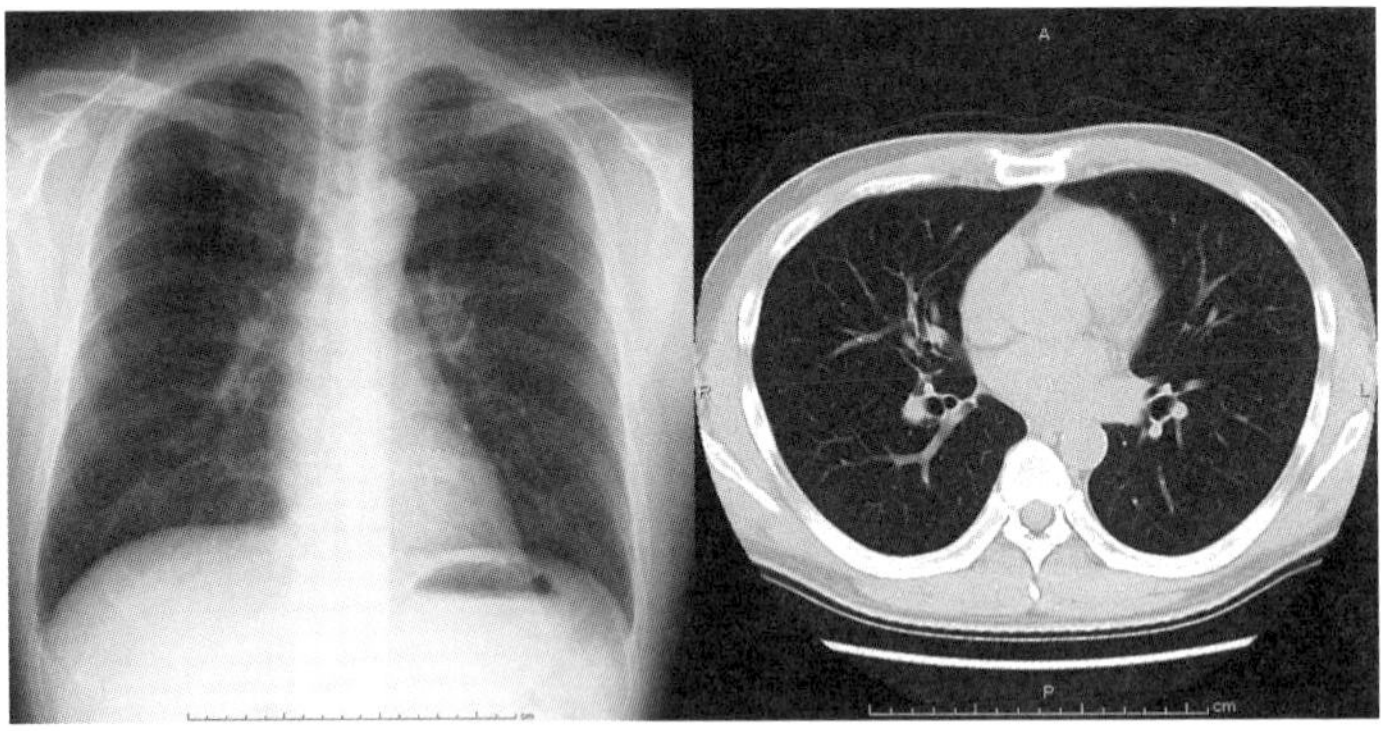

レントゲン（左）とCT（右）

そんなに精度が違うんですか！　でもCTって放射線を浴びるんですよね？　被ばくの問題はないんですか？

その心配をされる方は多いですね。
たしかにCT検査ではエックス線よりも放射線を浴びる量が多く、一般的にCTでの被ばく線量は6ミリシーベルト〜30ミリシーベルトと言われています。

やっぱり、多少はリスクがあるんですね。

完全なノーリスクとは言いません。
しかし、一度に200ミリシーベルト以上の放射能を浴びない限り発がんのリスクは極めて低いと言えます。

だいぶ余裕があるんですね？

はい、そうなんです。むしろ被ばくを嫌って重大な病気を見逃してしまうリスクのほうがはるかに大きいと思われます。

でも、それでも放射線を浴びるのは嫌だなぁ、心配だなぁという人もきっといますよね。

実は、そんな声を反映して、最近では低被ばくＣＴというものもあります。**通常の胸部レントゲン１枚撮影するのと同じ被ばく量でＣＴが撮れる**という優れものです。

それはすごい！　何かデメリットはないんですか？

放射線の量が少ない分、画質は少し粗くなってしまうのですが、検診には十分の画質です。私の意見としては、**毎年の検診で胸部レントゲンを撮影するくらいなら低被ばくＣＴで肺の検査をしたほうが効率的**だと思います。

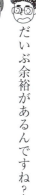

たしかに。低被ばくＣＴはレントゲンの上位互換という感じですよね。なのに、いまだにレントゲン検査のほうが多いのは何か理由があるんですか？

はい、それはずばり、コストの問題です。通常の胸部レントゲン検査は正面の１枚の撮影で約２０００〜３０００円程度ですが、肺ＣＴの場合は約２万円かかります。

え、10倍もかかるんですか!?

そうなんです。コストは高くなります。とはいえ、年に１度のことです。できるだけＣＴを選択することをおすすめします。

まとめ

検査では、レントゲンよりもＣＴを推奨。被ばく量が気になる人は低被ばくＣＴを。

血液検査で、どこまでわかる？

先生、続いて血液検査について聞きたいのですが、血液の検査でどれくらいがんのことがわかるんでしょうか？

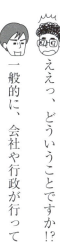

はい、血液検査については正直言って玉石混交。検診で何も引っかかっていないから安心、ということはないんですよ。

ええっ、どういうことですか!?

一般的に、会社や行政が行っている定期健診では、貧血があるかどうか、肝機能、腎

機能はどうか、生活習慣病の高脂血症や糖尿病がないかということは採血で調べます。もしもこの検査でがんがわかるとすれば、貧血が進行していて、その原因を探してみたらどこかにがんがあったというパターンなどです。

あれ、そんなに限定的なんですね？

はい。しかも、そのときにはがんが相当進行していることが多いので、手遅れになることも少なくありません。

え、ぜんぜん嬉しくない情報ですね！

脅すようなことを言ってすみません（笑）。あくまでも、一般的な血液検査だけでがんを特定するのは、不可能ではないにしろかなり難しいという話です。**重要なのは継続的に検査を受けていって、異常値を確認するということ**なんです。
ただですね、最近は血液検査もいろいろと種類が増えてきています。

おすすめの検診法の一つにあった腫瘍マーカーも要は血液検査なんですよね？

はい、腫瘍マーカーについてはこのあと詳しくふれたいと思いますが、腫瘍マーカーは採取した血液から特定の数値を調べるものです。ただ種類がたくさんあり、他の血液検査よりも料金が高めなので何でもかんでもやればいいというものではないんです。

腫瘍マーカーの数値が高いとがんだということですか？

いえ、**必ずしもマーカーの数値が高いからがんということではない**んです。マーカーの数値が高いとき、がんの可能性があるので、さらなる精密検査を進めていく、という流れになります。きっかけとして役立つ指標のようなものだと考えていただければと思います。

それ以外にがんがわかる採血方法はあるんですか？

比較的以前から研究が重ねられて臨床応用されているものとして「アミノインデックス」があります。これは血液中のアミノ酸濃度を測定して、健康な人とがんがある人とのバランスの違いを統計的に解析して、がんのリスクを判定するという検査です。

すごい！　統計検査と言われると信頼性が高そうですね。

このアミノインデックス、実は味の素が予防医療事業として始めたものなんです。

えっ、味の素って、あの味の素ですか⁉

はい、あの味の素です。アミノ酸の研究を長年してきた会社なので、その関連で生まれたもののようです。

初耳でした！　どこでも受けられるものなんですか？

どこでもというわけにはいきませんが、いくつかの施設で受診ができます。主だった数種類のがんを一度に調べる検査で2～3万円ほどが相場になってくるようです。

やっぱりお高めになってしまいますね……。先生的にはおすすめなんですか？

そうですね、アミノインデックスはエビデンスレベルではまだ確立されておらず、私自身としてはすすめてはいないのですが、一つの目安にはなるので気になる方は受け

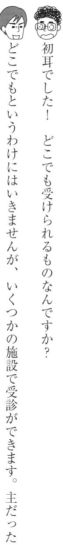

てみてもよいかと思います。

なるほど……他に最新の検査があったりしませんか？

実はですね、たった1滴の血液で13種類のがんの有無を診断できる検査法を国立がん研究センターのチームが開発しています。

1滴で13種類!?　それはすごい！

この方法は、がんが血中に分泌するマイクロRNAというものを測定し、その種類に応じて乳がん、肺がん、胃がん、大腸がんなどのがんを判別するものです。現在臨床研究が進められています。

それが今最新の研究なんですか？

海外の話になりますが、２０１８年1月18日版の『ＳＣＩＥＮＣＥ』に1回の採血で8種類のがんの発見が可能になる検査法が発表されています。乳房、大腸、肺、卵巣、すい臓、胃、肝臓、食道にがんがある場合、効率的に検出できるというものです。これらの臓器にがんがある患者さん1005人に検査をしたところ、高確率でがんを発見できたということです。

精度が高いんですね！

はい、特にすごいのは、1回の採血だけでどこにがんがあるのかを83％の確率で予測できた、ということです。

83％の確率でがんのある場所がわかるって、やばいですね！

やばいんです（笑）。しかもですね、がんがない人にこの検査をしたところ、間違って陽性になる確率は1％未満だったそうです。

ええ、本当に高精度なんですね！

乳がんは発見しにくく、卵巣がんは発見しやすいと、がんの種類で発見率に違いがあるようですが、この検査方法は非常に画期的だと思います。特に現状では発見が非常に難しい卵巣がん、すい臓がん、胃がん、肝臓がん、食道がんを高確率で検出できる

ので、将来的にがん検診のあり方がガラッと変わってくる可能性があります。

すごすぎます！　いつ頃から導入されるんでしょうか？

残念ながら、まだまだ時間はかかるのかなとは思います。少なくとも数年間は難しいとは思うのですが、非常に期待のできる検査方法です。

そうかぁ……とすると、現状ではいくつかの検査をやるしかないということですね。

ええ、これからもさまざまな検査が開発・実装されていくと思うのですが、**現状では血液検査を含めてどの方法も絶対的なものではなく、一つの指標にすぎません**。血液検査、画像検査、内視鏡検査などを効率よく組み合わせていくことで、がんが発見されやすくなるんです。

まとめ

精度の高い血液検査も開発されているが、現状は一長一短。
複数の検査を組み合わせることで効率的な検診が可能に。

最新の血液検査、腫瘍マーカーでわかること、わからないこと

先生、ここまで何度か出てきている腫瘍マーカーについて詳しく聞きたいのですが、あらためて、どういうものなんでしょうか？

腫瘍マーカーは血液検査の一種で、がんと関連性のある物質の量を数値化したものです。ホルモンや酵素、タンパクなどの数値を見るもので、がんの組織によってその種類も異なります。

腫瘍マーカーという物質があるわけではないんですね！

そうなんです。がんが発生したときに出てきやすい物質の量を測定する、というような検査方法になります。

たとえば肺、胃、すい臓、胆嚢《たんのう》、大腸、卵巣などにできるがん、いわゆる「腺がん」があるとCEAという腫瘍マーカーが上昇します。そのため、CEAが上昇していたら、このあたりの臓器に悪性腫瘍があるのではないかと検索していくわけです。

ある程度まで絞れるわけですね。でも、種類が多いんですよね？　どれくらいあるんでしょうか？

ざっと50種類はあり、それぞれ対応する箇所が異なります。ですから、全部受けるというのは現実的ではないんですよ。

え、50種類!?　どうりで全部受けるのは無理なわけです……。1回おいくらくらいなんでしょう？

実施する病院で若干異なると思うのですが、だいたい**一つのマーカーで1000～3000円前後が自費でかかってきます。代表的なマーカーを数種類まとめて受けて**

腫瘍マーカーの例

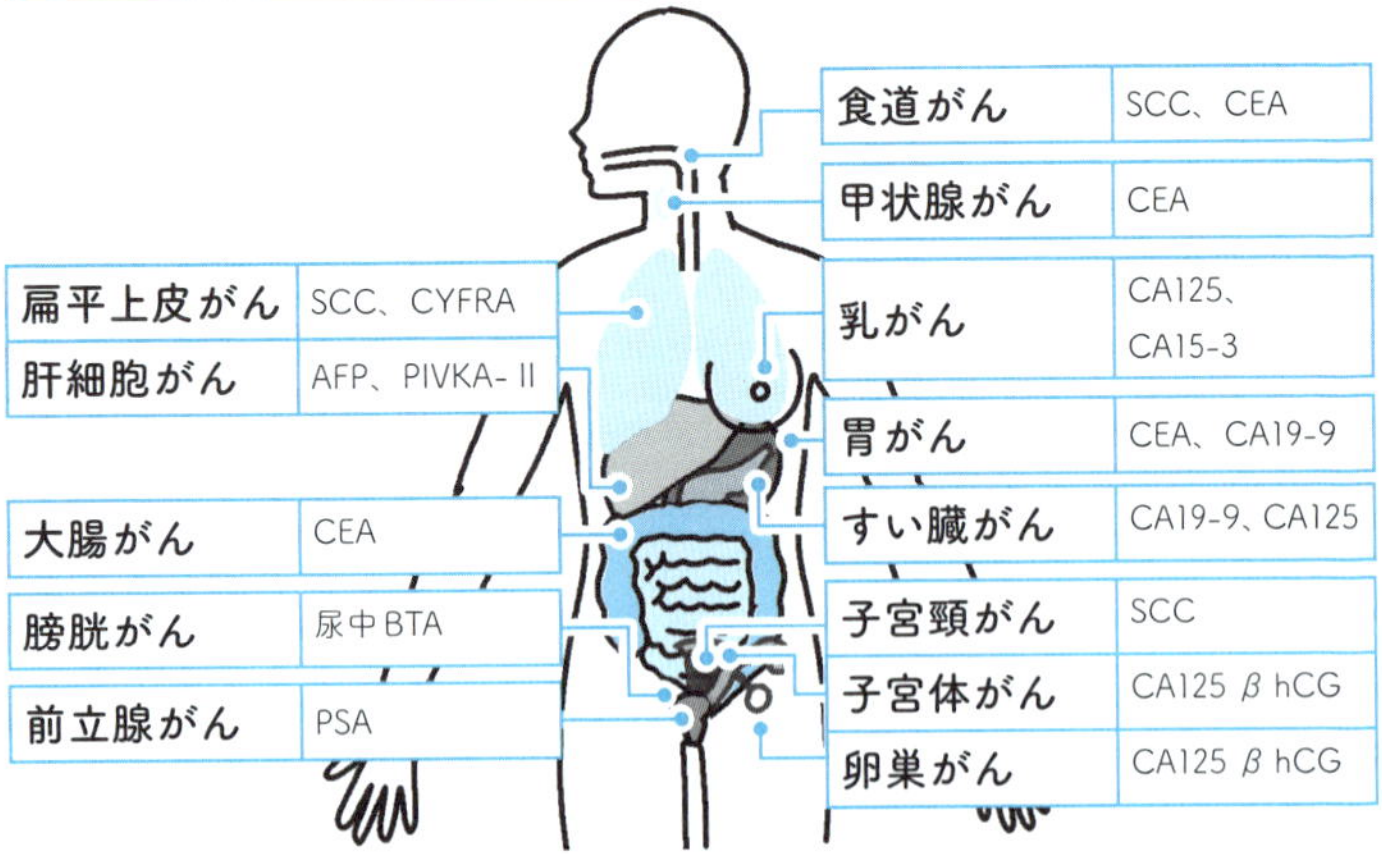

1万円前後、という感覚かなと思います。

いくつかやって1万円……年に1度なら思ったより高くないような気はしますが……それでもそれなりのお値段ですね。

はい、決して安いものではありません。さらに、腫瘍マーカーも絶対的なものではありません。

先ほど、数値が高く出たとしても必ずしもがんというわけではない、とおっしゃってましたよね。

はい、さらに言うなら、「がんがあっても腫瘍マーカーが上昇しない」というパターンもあるんです。

え！　そんなパターンが!?　困ってしまいますね。

個人の病歴による差や生活習慣などで数値が変わることがよくあって、たとえばCEAというマーカーは、喫煙習慣や腹水という症状がある人では上昇しやすくなります。口の中や肺、肛門など粘膜組織からできる扁平上皮《へんぺいじょうひ》がんのマーカーであるSCCはアトピーなどの皮膚疾患があるだけでも上昇します。

ゆらぎがあるんですね。でも、これをお医者さんたちはどう見ていくんですか？

はい、**数値そのものだけで判断するというよりも、「数値の推移」を見るのも重要**なんです。たとえば1年前に正常値だったものが、直近でいきなり10倍以上の数値になっていたときなどはがんを疑いやすくなります。

定期的というのがやっぱり大事なんですか。

はい。他にも、がんと診断されたあと治療の効果を見るときは非常に参考になります。

診断時に高かった腫瘍マーカーが下がっていけば治療は有効であるし、逆に下がった後に上昇してきたような場合は、再発を疑う必要がある、という具合です。

なるほど！　それは使えそうです。

また、ＣＴなどでリンパ節が腫れていてがんだとわかったとき、そのがんがどこ由来のものか、大本の部位を探す場合にも腫瘍マーカーは役立ちます。この場合は何種類かの腫瘍マーカーを試して検査していきます。

時と場合によって使い方があるんですね。

はい。検診で使う際には、腺がんのマーカーの「ＣＥＡ」と「ＣＡ19－9」、扁平上皮がんのマーカーの「ＳＣＣ」あたりを測定して、男性なら前立腺がんのマーカーの「ＰＳＡ」を見ておくとかなり効率的かなと思います。

ＣＥＡ、ＣＡ19－9、ＳＣＣの3種類と、男性はＰＳＡを加えた4種類、ですね。

はい、できる限りやっていただけると診断の参考になるかなと思います。

明星先生推奨の腫瘍マーカー３（男性は４）種

①ＣＥＡ
②ＣＡ19－９
③ＳＣＣ
④（男性の場合）ＰＳＡ

まとめ

腫瘍マーカーの数値は絶対ではないが、推移などを見ることで発見確率は高まる。

バリウムと胃カメラ、やるならどっち？

先生、がんといえば「胃がん」になっている人が多いイメージなんですけど、胃がんを見つけるにはどうすればいいんでしょうか？

はい、胃の中を見る検査には主に胃カメラとバリウムの2種類があります。

どんな違いがあるんでしょうか？

胃カメラは、正式には上部消化管内視鏡検査といって、細い管状のカメラを口か鼻から飲み込んで胃の表面を見ていく、という検査ですね。内部を直接診ていく検査です。

一方のバリウムは、正式には上部消化管造影検査といって、バリウムを胃の表面に行きわたらせて、胃の部分をレントゲンで何枚か撮影して、その粘膜に凹凸があるか、不整がないかなどをチェックする方法です。外から間接的に診ていく検査です。

ぶっちゃけ、バリウムと胃カメラってどっちがいいんでしょうか?

結論から言いますと、**検診としてはバリウムよりも胃カメラをおすすめします**。

胃カメラですか！　理由を教えてください。

はい。というのも、バリウム検査の場合はちょっとした泡がポリープやがんに見えることもあるし、逆にバリウムが多いと詳細に見えなくなります。また向きをいろいろ変えて撮影するのですが、撮影する放射線技師さんのテクニックに大きく左右されます。

人や環境によって検査結果が変わってしまうことがあると?

はい。バリウム検査で異常なしだったからといって、100%大丈夫かといえば言い切れない部分もあるんです。さらに言うと、**もしもバリウム検査で引っかかった場合、そのあと結局胃カメラをやらないといけない**んです。

あ、結局そうなってしまうんですね（笑）。

そうなんです。その意味では、確実に検査をしておきたいなら胃カメラを推します。

まとめ

バリウム検査は精度に欠けるので、検診では胃カメラを推奨！

体内の糖分量でがんがわかる!? 大人気のＰＥＴ検査は検診に使える？

先生、今回の取材にあたって「ＰＥＴ検査」という画期的な検査方法があると聞いたんですが、ＰＥＴ検査ってどんなものなんですか？

よくご存じですね。ＰＥＴ検査は、Positron Emission Tomographyという検査の略で、体内の糖分の量を見てがんの有無を検査していくというものです。

糖分を見る？　どういうことですか？

がん細胞は増殖するときにたくさんのエネルギーを使うので、糖分を取り込もうとす

るんです。その性質を利用して糖分の多い箇所を見ていくんですよ。

そういうことですか！　でも、どうやって糖分の量を見ていくんですか？

ＰＥＴ検査では、まずＦＤＧという物質を注射します。その数時間後に全身のレントゲンを撮影すると、糖分を多く取り込む場所が赤く光るんです。その箇所を見てがんかどうかを判断していくもので、一度に全身をチェックできます。

それはすごい！　画期的と言われるはずです！

はい、今非常に人気になっていて、ＰＥＴ検査を受けたいという人が増えています。ただですね、ＰＥＴ検査にはいくつかの欠点があるんです。

どんな欠点ですか？

たとえば、普段から糖分を取り込んでいる脳や心臓、血流が豊富な腎臓や造影剤が流れ込んでいる膀胱《ぼうこう》は、何の異常がなくても赤く光ってしまうので、これらの部位にがんがあっても見つけることができないんですよ。

もともと糖を貯めているところも反応してしまうんですね。

そうなんです。他にも糖尿病患者さんもすでに血糖値が高く、他の患者さんと比較して全体的にＦＤＧが集積してしまうので、ＰＥＴ検査は不向きです。

糖尿病の人にも向かないと……他には何かありますか？

もう一つ大きな欠点として、**1センチ以下の小さながんを見つけられない**という弱点があります。

小さいがんが見つけられない!?　つまり、早期発見は難しいということですか？

そういうことになります。アメリカの核医学・分子イメージ学会の発表では、**健常者にPETを使ったとしても、がん発見率は約1%程度**だと言われています。

えっ、たった1%!?

はい、しかもですね、治療の必要のない非常にゆっくりなタイプのがんなどを発見し

てしまい、過剰治療につながるリスクがあると警告されています。そしてさらにもう一つ、**被ばくのリスクもあります**。

え、被ばくしてしまうんですか!?

実はＰＥＴはＣＴなどと比べても使う放射線量が多く、施設ごとに1年間に検査できる回数が決まっているほどです。ＰＥＴの設備がある病院では、1日に検査できる回数が大体1~3回程度のところが多くなっています。そのため1ヶ月以上先まで予約が埋まっていることも珍しくありません。検診や人間ドックでＰＥＴ検査を希望される場合は、早目のスケジュール調整を行う必要があるでしょう。

そうやって考えていくと、ＰＥＴ検査は定期検診には向かなそうですね。

そもそもなのですが、ＰＥＴ検査は基本的にがんと診断されたあとの全身への広がり、つまりステージを決めるために行われるのが正しい使い方なんです。

そうなんですか!?

ええ。ステージを決める以外にも、ある部位に腫瘍があった際に、それが悪性なのか良性なのかを判断するのに使ったりします。たとえばお腹の中や胸の中にできた腫瘍は簡単に診ることができないので、ＰＥＴを参考にする場合があるんです。

そんな使い方も！

さらに、悪性リンパ腫というリンパ節が腫瘍化する病気では、抗がん剤治療でリンパ節を縮小させるのですが、治療がよく効いたとしてもリンパ節が消えてなくなるわけではありません。

リンパ節は誰にでもあるものですもんね。

そのとおりです。どんなに小さくなってもゼロになることはないんですね。目安として、1センチ以上のリンパ節は悪性の可能性が高いのですが、たとえば治療前に10センチを超えるような大きなリンパ節が、治療で縮小したとしても2センチ程度で縮小が止まってしまうことがあります。この残ったリンパ節に生きたがん細胞がいるのか、はたまたリンパ節の死骸《しがい》だけが残っているのかを判定するためにもＰＥＴ検査は有用

なんです。その判断によって、がん細胞が残っていれば、追加で化学療法を行うし、逆に残っていなければ、それで治療終了にする手がかりになります。

そうやって聞くと、最新のものだからいいというわけではなく、適材適所ということですね。ちなみに、いくらくらいかかるものなんですか？

施設によって異なるとは思うのですが、**全身を診るのに1回10万円**くらいと考えてもらえればと思います。

あら、かなりお高い……。

診断目的では保険適用外ですので、基本的には医師からすすめられた場合にのみ使っていただくのがいいのかなと思います。

まとめ

PETは本来、がん診断後に使われるのに適した検査。検診で使うのはおすすめできない。

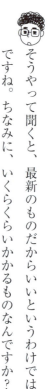

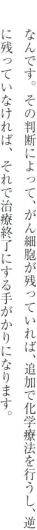

第4章

身近な誰かが、もしもがんになったら

治せるがん、治せないがん、ステージについて教えてください！

では、ここからは自分も含め、家族などの身内がもしもがんになったら……ということで、実際にがんであることがわかったときの話を聞かせてください。
そもそも、がんになったら治療できるものなのですか？

以前は、がん＝死というイメージがあったかもしれませんが、最近では医療技術もずいぶん進み、必ずしもがん＝死ではなくなってきています。

治るがんと治らないがんの違いはあるんですか？

がんが治るかどうかは、そのがんのステージやがんの種類、患者さんの状態によって異なってきます。

ステージってよく聞く言葉なんですが、どんな違いがあるんでしょう？

がんのステージはがんの種類によってそれぞれ細かく分類が定められています。多くの場合は、ステージⅠからⅣまでの4段階に分けられます。

それぞれ教えていただけますか？

はい、説明していきましょう。
まずステージⅠは、がんがその場所だけにあり、他にリンパ節などが腫れていない状況で、手術によってかなりの確率で治癒を目指せます。
ステージⅡは、がんのある部位の近くのリンパ節が腫れているような状況で、手術の際に少し範囲を広げて切除する必要があります。しかし、これも多くの場合は治癒を目指すことができる手術になります。
ステージⅢは、腫瘍《しゅよう》のサイズが大きく広がり、リンパ節転移も多数あるような状況で

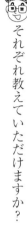

す。手術ができないこともあるし、もし手術できたとしてもその後再発率が高くなる状況です。そのため、手術後に再発予防として化学療法を行うこともあります。ステージⅣは、離れた臓器にも転移しているような状態で、通常は治癒的な切除はできません。つまり、抗がん剤治療が選択されることが大半です。

なるほど、治療で抗がん剤を使っていくのはステージⅢ以降というわけですか！

はい。そうなんです。ステージが進行するごとに治療の難易度が高まっていくので、早期発見、早期治療が原則というわけです。ステージⅣまで達していない場合であれば、手術や放射線治療、抗がん剤治療を組み合わせることで治癒を目指せる可能性が十分にあると思われます。

白血病もがんの一種だと聞きましたが、白血病の場合は血液が問題なわけで、手術ができませんよね？

白血病や悪性リンパ腫といった血液がんは抗がん剤治療が基本になります。実は血液がんの場合は抗がん剤がとっても効きやすく、ステージが進行していても十分に治癒

できる可能性があるんです。

おお！　それは希望が持てる話です。

まとめると、**固形がんのステージⅠ～Ⅲと、血液のがんはステージⅣでも治る可能性がある**ということです。

がんと言えば再発というキーワードをよく聞きますけど、いったいどんな段階で「治った！」と言えるものなんでしょう？

がんを治療したあと、ＣＴや内視鏡検査、ＰＥＴ検査などで画像検査をしたとき、がんが確認できなくなった状態を「寛解《かんかい》」と呼びます。

寛解……難しい言葉ですけど、つまりもうがんは消えてない状態、ということですよね？

はい、ただし、あくまでもＣＴなどの画像上では、という話です。細胞1個1個のレベルまで検索できているわけではないので、まだ再発する可能性がある状況です。

では、いつ「治った」と言えるかというと、この寛解状態が5年間継続したとき、再発のリスクは極めて低いと判断して、初めて治癒という言葉を使うことが多いです。

がんが確認できなくなってから5年で治癒なんですね。

ただ、中には5年を越えて再発してくるタイプのものもあるので、その場合は、主治医と相談して、フォローの期間を延ばすこともあります。

まとめ

大半のがんは、ステージⅢまでなら治癒できる可能性がある。
ただし、血液のがんはステージⅣでも治癒可。

手術しないといけないがん、手術が必要のないがん

先生、がんは初期ステージだったら手術で治療できると言いましたけど、だいたいのがんは手術を行うものなんですか？

はい、胃がんや大腸がん、肺がんなどの**固形がんの場合は、外科的切除、つまり手術が治療するための唯一の選択肢**になります。再発しないように根本から治療することを「根治《こんち》」と言い、医師はよく手術による治療に根治という言葉を使います。

根治ですか！　がんの場合は悪い腫瘍を完全に切り取る、ということですよね。

はい、そのとおりです。そもそもの手術のメリットは、狙った腫瘍を確実に取れるという点にあります。しかし、逆に言うと狙ってない場所の腫瘍にはまったく効果がありません。ステージが進行していて診断時にはすでに全身に転移しているようなときには、通常は手術の適用になりません。このような場合は、抗がん剤などの化学療法を選択することになります。これが基本パターンです。

基本パターンということは、例外のパターンもあるんですか？

はい。たとえば食道がんが全身に転移しているような場合、手術で根治は目指せませんが、食道に大きな腫瘍があると食事をしても食べものが通っていきません。そのため、食事を通過させることを目的に食道がんを手術することがあります。

想像しただけでもつらそうな状況ですね……。

はい、非常につらい状況です。ただ、食事ができないと病状は悪化の一途をたどりますから、食べものの通り道である胃や大腸では同じことが行われることがあります。

他には、腎《じん》細胞がんというがんの場合、転移が進んでいる状況でも腎細胞がんからサイトカインという伝達物質がたくさん出ていて、これが体全体に悪影響を与えるため、ひとまず手術をするということがあります。

そもそもですが、手術をしないという選択肢はないんでしょうか？

がんの種類にもよるのですが、手術をせずあえて化学療法や放射線治療を選択するということも増えてきています。

どんながんがそれに当たるんですか？

代表的なものが悪性リンパ腫という血液がんの一種です。悪性リンパ腫の場合、ステージⅠの病状が軽い状況だとしても手術はせず、抗がん剤や放射線治療のみで治療するケースが主です。

薬だけで治るんですか？

はい、悪性リンパ腫は抗がん剤が非常によく効くので、手術なしでも十分根治が狙え

ます。たとえば**胃に悪性リンパ腫ができた方が手術で取ってしまうのと、抗がん剤で治療するのとでは、5年生存率に差はない**んです。

へぇ！　よくがんで胃を切除したなんて話を聞くと怖いなぁと思ってしまうんですが、胃の手術ということは、胃が小さくなってしまうということですよね？

はい。以前は胃に悪性リンパ腫ができると胃の切除を行うケースが多かったんです。ただ、そうすると食べる量が減ったり、低血糖になってしまったり、ビタミンB12の吸収不良が起きて貧血になったりと不自由なことが起きやすいんです。

え〜！　そんなのを聞いてしまうと、できれば切りたくないですね。

はい、一方で抗がん剤治療をした場合、副作用が出ることもあるのですが、通常は後遺症もありません。そのため現在では悪性リンパ腫の場合、それがどこの部位であっても手術ではなく抗がん剤治療や放射線治療で治療することが標準になっています。

それに関連していうと、喉《のど》なんかもできれば切りたくない箇所ですよね？

はい、おっしゃるように咽頭《いんとう》や喉頭《こうとう》という喉の部位は、声を出したり、食べものを飲み込んだりという日常生活に必要な機能を備えている重要な臓器です。

やはり手術が基本なんですか？

手術のほうが根治を目指すには確実なのですが、できれば切除したくない。そんな場合には、**先に抗がん剤治療を行って腫瘍を小さくしておいて、手術の範囲を小さく済むようにしておいてから切除する**という方法もあります。

そんなコンビネーションがあるんですね！

「術前補助化学療法」というもので、この条件としてはある程度抗がん剤が効きやすい臓器であること。そして、効果が出るのも早いことが挙げられます。具体的には前述した頭頸部腫瘍《とうけいぶしゅよう》（咽頭がん、喉頭がん）の他、乳がん、肺がんなどがあります。

オプションがあることを知っておくと治療を選ぶときにも幅が出てきそうですね。

はい、**治療の選択肢を知識として知っておくことは非常に大切なこと**なんです。

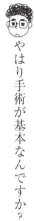

一般的な病院では、最初にかかった診療科の得意とする治療方針になってしまうこともあります。最初に外科で受診したら手術。放射線科で受診したら放射線治療。腫瘍内科で受診したら抗がん剤治療、といった具合です。

そうか。本当は抗がん剤でも治ったものを手術で切除したり、手術すれば早かったものを薬で治そうとしたり……といったミスマッチが起こりやすくなるんですね。

そのとおりです。がんのできた場所や性質をよく聞いて、手術をするのかしないのか、する場合は抗がん剤を先にするのか、あとにするのかなど、自分でもよく理解しておくと、治療に臨む際も納得度が違ってくるかと思います。

まとめ

初期ステージのがんでは手術が王道だが、あえて化学療法を組み合わせていく方法もある。治療の選択肢を知っておくことで納得のいく治療をしやすい。

がんの薬って、体に悪くないんですか？最新の化学療法について教えてください

ステージⅢ以降になると化学療法で治療を進めていくと聞きました。ただ先生、「薬はよくない」「抗がん剤は体に負担をかける」という話はあちこちで見かけます。実際のところどうなんでしょうか？

私もよく聞かれるところです。まず抗がん剤に関しておさらいすると、正常な細胞とがん細胞を同時にたたくことで正常な細胞が傷つき、副作用が生まれます。そして、その副作用をカバーするためにさらに薬剤を使用するので、化学療法には苦手意識がある、という人も多いのではないでしょうか。

まさにそんなイメージでした！　でも、副作用は一時的なものなんですよね？

はい、そのとおりです。たしかに一昔前の抗がん剤では負担がかかる部分もありましたが、今はしっかりとケアできる体制が整っています。加えて、最近では**分子標的薬という新しいタイプの薬剤もでき、正常な細胞をほとんど傷つけずに、悪い細胞だけピンポイントで攻撃も可能です。**

分子標的薬！　1章でも出てきましたけど、あらためて詳しく聞かせてください！

はい、分子標的薬の始まりはここ20年くらいなのですが、もともとは慢性《まんせい》骨髄《こつずい》性《せい》白血病という白血病を治療する薬が開発されたのが最初です。研究の結果、慢性骨髄性白血病は遺伝子の異常でBcr-Ablというタンパクがつくられるのが原因だとわかったのですが、このタンパクと戦う薬としてグリベック（一般名はイマチニブ）が開発され、２００１年に承認されたんです。それまで骨髄移植をしなければ治らなかった患者さんも、グリベックを内服するだけで90％以上長期生存できるようになりました。

このとき、医学会にとてつもない衝撃が起きたんです。

末期の患者さんも治せるようになったと!?

そうなんです。このグリベックに端を発して、次々と分子標的薬が開発されています。
がん細胞のみを攻撃でき、副作用が少なく効果が高い薬なんです。

夢のような薬ですけど、日本の医療現場でもよく使われているんですか?

どんどん広がり始めていますが、**２つ問題があって、一つは種類が多すぎること**です。

え、種類が多いとどうして困るんですか?

患者さんにとっては非常によいことなんですが、一方で医師側が把握するのが大変なんです。すべての薬剤を効果的に使うのは至難の業《わざ》で、副作用も少ないとは言ってもゼロではなく、分子標的薬に特徴的な副作用が出ることもあります。

どんな副作用ですか?

たとえば下痢、倦怠感《けんたいかん》、ニキビ、血栓症、皮疹《ひしん》などがあるのですが、この副作用も薬

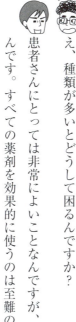

剤によってすべて違うんです。

なんと！　ということは、分子標的薬を効果的に使うには、それぞれの薬の特徴や副作用を把握しながら、患者さんに合わせてカスタマイズする必要がある、ということですか!?

そういうことなんです。**分子標的薬と従来の抗がん剤を組み合わせていくことで治療効果は高まる一方で、使いこなせる医師がまだまだ多くない**んですね。さらに、もう一つ大きい問題があります。

大きい問題？

はい。それが薬価の問題です。たとえば前述したグリベックは、1日約1万円ほどの薬価がかかる飲み薬で、1ヶ月に約30万円かかります。この薬は効果がある限り一生内服し続ける必要があります。現在ではグリベックよりさらに優れている分子標的薬も発売されているのですが、薬価はグリベックよりもさらに高く設定されています。

1日1万円を一生続ける!?　それはすごいことですね。

はい。ただ、患者さんの場合は保険適用であればその3分の1で済みますし、還付金もあります。しかし、その分の負担は国が行っているわけです。

そうか。我々としては保険適用だからいいとして、でも高い薬がばんばん使われると、国の医療費もそれだけ圧迫されるということですか。

そうなんです。高価な薬剤であるがゆえに、本当に必要な患者さんに、最高のタイミングで投与することが求められています。

分子標的薬は白血病だけでなく、いろんながんにも対応しているんでしょうか?

はい、慢性骨髄性白血病以外にも、乳がん、胃がん、大腸がん、肺がんなど多岐にわたるがんで使われるようになってきています。

最近では、その分子標的薬が効くのかどうかあらかじめ検査を行って、効く確率が高い場合に投与するということが条件となっている薬剤もあります。

化学療法といってもイコール抗がん剤というわけではないんですね……。

はい、この話に関連して言うと、**最近世界で話題になっているのが「プレシジョンメディスン」**というものです。

プレシジョンメディスンですか？

プレシジョンとは「Precise」＝「精密な」という意味で、直訳すると精密医療というものです。これは、がん患者さんのがん細胞を取ってきて、その遺伝子を１００〜５００程度網羅的に解析して、遺伝子変異があればそれに応じた分子標的薬などを投与するという治療の仕組みです。２０１５年に、当時アメリカ大統領だったオバマ氏が一般教書演題でこの話をし、話題になったんです。

遺伝子を解析して、それに応じた薬を投与するんですか！　すごい話ですけど、日本でもそんなことができるんですか？

日本でも特定の遺伝子変異を調べてその変異に応じて治療法を決める、ということは

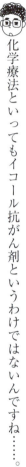

行われています。ただし、これは肺がんや乳がん、大腸がんなど、一つの遺伝子変異を見つけるというもので、プレシジョンメディスンのように網羅的に複数の遺伝子を解析、というところまでは来ていないのが現状です。

まだ世界とは開きがあるわけですね。

はい。遺伝子検査をして適切な分子標的薬や抗体医薬がわかったとしても、その薬剤が保険適用外である場合もまだまだ多いんです。

保険適用外だと全部自費になるんですよね⁉

保険適用がない場合、まずは治験に入れるかどうかを検討します。ただ、治験は募集人数が少なく、投与基準も厳密なので、とっても狭き門なんです。この治験に入れなかった場合は自費での投与を検討することになりますが、分子標的薬は前述したように高価なのがネックです。さらに、現在の日本の法律では自費診療と保険診療の混合診療は禁止されているので、治療を自費で受けた場合、その他の採血やＣＴなどの画

像検査もすべて自費になってしまいます。

とすると、一般的に浸透するのは難しそうですね！

残念ながら現状ではそうなるのですが、ただ、国もゲノム医療の充実を掲げて計画を進めています。遺伝子解析の検査も保険適用になってきていますし、近い将来、この治療方法が標準になってくる可能性も高いと思います。

それを聞くとちょっと希望が持てますね。そんな日が早くくることを望みます！

まとめ

がん細胞だけをピンポイントで攻撃する分子標的薬が開発され、さらに、遺伝子解析と組み合わせたプレシジョンメディスンという治療法も期待されている（ただし、薬価の高さなどまだまだ課題もある）。

第４の療法、「免疫治療」のメリットとデメリット

分子標的薬という新しい薬があるのはわかりましたが、その他に最近新しくできた薬はあるんですか？

がんに対する第４の治療として「免疫治療」という治療法が生まれてきています。

免疫療法！　ノーベル賞で話題になったものですよね？

そうです。免疫療法にも大きく２つあって、**免疫を高めてがんをピンポイントで縮小させる特異的免疫療法と、全体の免疫を底上げする非特異的免疫療法**があります。

最近できた治療法なんですよね？

実は、免疫療法という概念自体は数十年前からあったのですが、ここ20年ほどで一気に進化を遂げていて、**体内の細胞を取り出して培養して戻す細胞療法や、薬剤で体内の細胞を活性化するもの**があります。

２０１８年の10月に京都大学高等研究員の本庶《ほんじょ》特別教授※がノーベル生理学・医学賞を受賞されましたが、教授はＰＤ－１という免疫をおさえてしまう分子を発見しました。そして、教授のこの研究をもとにつくられたのがオプジーボと呼ばれている薬剤なんです。

※京都大学高等研究員は、定年を迎えた優秀な研究者が学内で研究に専念できるようにと２０１５年に新設された組織。ここで働く研究者は「特別教授」という肩書きになる。

1章でも聞きましたが、あらためてオプジーボはどんな薬なんでしょう？

体内の免疫細胞を活発にして、体内のがん細胞を攻撃するというものです。従来の抗がん剤のように脱毛や嘔吐などの副作用がなく、手術・放射線治療・抗がん剤が効か

ない、もしくはできないような患者さんにも使えるかもしれない、と注目を集めています。

これまた夢のような話ですけれど、オプジーボってそんなに一般に浸透していないように思うのですが、理由があるんですか？

まず一つに、**保険が一部のがんにしか適用しない**ことが挙げられます。２０１８年末時点では、皮膚がんの一種である悪性黒色腫《あくせいこくしょくしゅ》、肺がん、腎細胞がん、胃がん、ホジキンリンパ腫、頭頸部《とうけいぶ》がん、悪性胸膜中皮腫《あくせいきょうまくちゅうひしゅ》が保険適用で、それ以外は自費になってしまいます。

どれくらい費用がかかるものなんですか？

最近改定があって薬価も下がったのですが、それでも1回40万円以上かかり、２週間に1回の投与なので、１ヶ月約１００万円ほどかかる計算になります。

１ヶ月１００万円だと……年間１２００万円!!　どうりで簡単には使えないわけ

ですね……。他の免疫療法もそんなにかかるものなんですか？

たとえば、がんを狙い撃ちする「樹状細胞ワクチン」や「リンパ球活性化療法」などはいずれも自費の治療になり、1クールの治療で200万円ほどかかると思われます。

やはり数百万単位にはなりますか……お金以外の問題点はあるんですか？

一つには、**免疫療法は効果が出てくるまでに比較的時間がかかる**ことがあるので、急速に大きくなっているがんには間に合わないことがあります。
また、従来の抗がん剤に比べれば症状は軽いものの、間質性肺炎、甲状腺機能異常、下痢、口内炎、糖尿病といった特有の副作用があり、適正範囲内で薬剤を使う必要があります。特に治療を行う「場所」も問題で、免疫治療をうたっているクリニックの一部では、薬の量を極端に減らしてみたり、エビデンスのない他の抗がん剤と組み合わせて投与してみたり、といったビジネス目的、あるいは信頼性に欠けるところがあるのも確かです。

なんと！　免疫治療の仕組みを聞くと「治りそう！」というイメージが湧きますけど、

変なクリニックを選んだらと思うと怖いですね。

もちろん、きちんとした治療を行なっている施設もあるのですが、一部では医師から見ると「おや？」と思うようなことも見かけます。**免疫療法については、実は抵抗感を持っている医師も多く、「他院で免疫治療を受けているなら、当院では診療できない」と言われることもある**ので、私としてはまずは標準の治療を試していただくのがいいのかなとは思います。

夢のような治療法、というわけでは決してないんですね。

まとめ

免疫治療は、標準治療が効かない人でも効果が望める一方で、薬価の高さと効果が出るまでに時間がかかるのがデメリット。玉石混交の現在、まずは標準治療を推奨します。

保険適用外の薬は、どんなときに使う？

前項、保険適用か否かという話が出てきたのでついでに伺いたいのですが、保険適用外の治療はどんなときに選択を迫られるものなんでしょう？

がんが見つかったときにはかなり進行していて、**手術もできない、放射線治療もできない、保険適用のある抗がん剤を試したけど効かないとなって、それでもまだあきらめきれない場合**、選択肢として保険適用外の新薬や治療法がオプションとして出てきます。

海外の薬を使う、というパターンもあるんですよね？

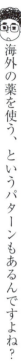

はい、海外ではすでに承認されている薬でも、日本ではまだ認可されていない、というケースは多く、どうしてもあきらめきれない、という場合は海外の薬を試すことがあります。

海外ではＯＫが出ているのに、どうしてそういうことが起きるんでしょう？

欧米人と日本人では体のつくりなどが違うこともあり、日本人に本当に効くのか、臨床試験をする時間などが必要なんです。そのために、海外で発売された数年後に日本で発売される、ということが起きます。

そういうカラクリだったんですかぁ。

はい。ただ中には、日本で保険承認されている薬剤でも、使用に制限があることがあります。たとえば、「再発、または難治性のがんでないと使えない」といった縛りです。

そんな縛りが！　それでも使いたいっていう場合は保険適用外になるんですか？

そのとおりです。がんと診断されて、最初には使えない縛りがある薬剤を、どうしても最初に使いたいとなると、それも保険適用外になるので自費での診療となります。たとえば、体力があまりないので標準治療の化学療法を受ける自信がないけど、免疫治療なら受けられる体力がある場合などがそれに当てはまります。

標準治療を選択できない、したくない場合は自費になるんですね。

はい。さらに最近多いのは海外からの患者さんです。

え、海外からわざわざ日本の病院に来るんですか？

「爆買い」という現象がありましたが、医療でもアジア圏から日本の最先端治療を受けに来るメディカルツーリズムが始まっています。そもそも海外の患者さんは日本の保険証を持っていませんから、最初からすべて自費での診療になります。ただ言葉の壁や国民性の違い、文化の違いなどもあり診療が難渋することも少なくないため、多くの病院では受け入れていないか、受け入れていても通常の治療費の2倍から3倍の料金を請求しているようです。

はぁ……それでも人が来るということは、日本の医療はアジア圏ではレベルが高いということなんですね。

医療費がかさみすぎているという大きな問題はあるのですが、保険適用の範囲は広く、たいていの場合には対応しており、医療に関しては非常に守られた国であると言えると思います。

まとめ

保険適用外の治療は、標準治療ではもう回復が望めない、どうしても標準治療は嫌だ、という場合のオプション。が、日本の医療は保険の適用範囲が非常に広い。

がんだけに当てられる最新の放射線治療があるらしい

先生、放射線治療についても聞きたいのですが、放射線治療ってどんなものなんですか？

放射線治療では、エックス線、ガンマ線、電子線という放射線を主に使っていくのですが、放射線を腫瘍に当てることでがん細胞を小さくしたり、それ以上成長させないようにしたりするものです。

どうして放射線を当てるとがんが小さくなるんですか？

放射線は**細胞内のＤＮＡに直接作用するので、それ以上細胞分裂できなくすることが可能**なんですよ。手術と違って肉体への負担を軽減できる、というメリットがあります。イメージとしては、レーザービームを当てるようなものです。

レーザービームですか！　でも、ピンポイントでがん細胞だけに当てることができるんですか？

実はそれが微妙なところで、放射線治療も正常な細胞も傷つけてしまうことがあります。たとえば腫瘍の形がいびつだったりすると、他の問題ない部分にもレーザーが当たってしまうということはあるんです。

それって大丈夫なんですか？

正常な細胞はがん細胞に比べて回復が早いので、影響は少ないとされています。

抗がん剤治療と同じ考え方ですね！

はい、そうなんです。ただですね、最近では正常な細胞を傷つけないでできる新しい

放射線治療も生まれてきているんですよ。

おお、やはり各分野進化しているんですね!?

はい、新しくできたのが**「トモセラピー（＝強度変調放射線治療）」**というもので、これまでの放射線治療と比較するとかなり精度の高い照射が可能です。

どう違うんでしょう？

従来の放射線治療では、先ほど言ったように正常な細胞も傷つけてしまうことがありました。たとえば、治療中に腫瘍が小さくなったり大きくなったり、大きさが変化するとやはり正常な細胞を傷つけてしまう、という具合です。でも、トモセラピーの場合は毎回ＣＴでサイズや形を確認して照射するので、**常にピンポイントで腫瘍部位のみを狙い撃ちできる**んです。

おお！　それはいい話ですね！　でもこれ、保険適用はどうなんでしょうか？

はい、保険適用なので、安心して治療を受けることができます。

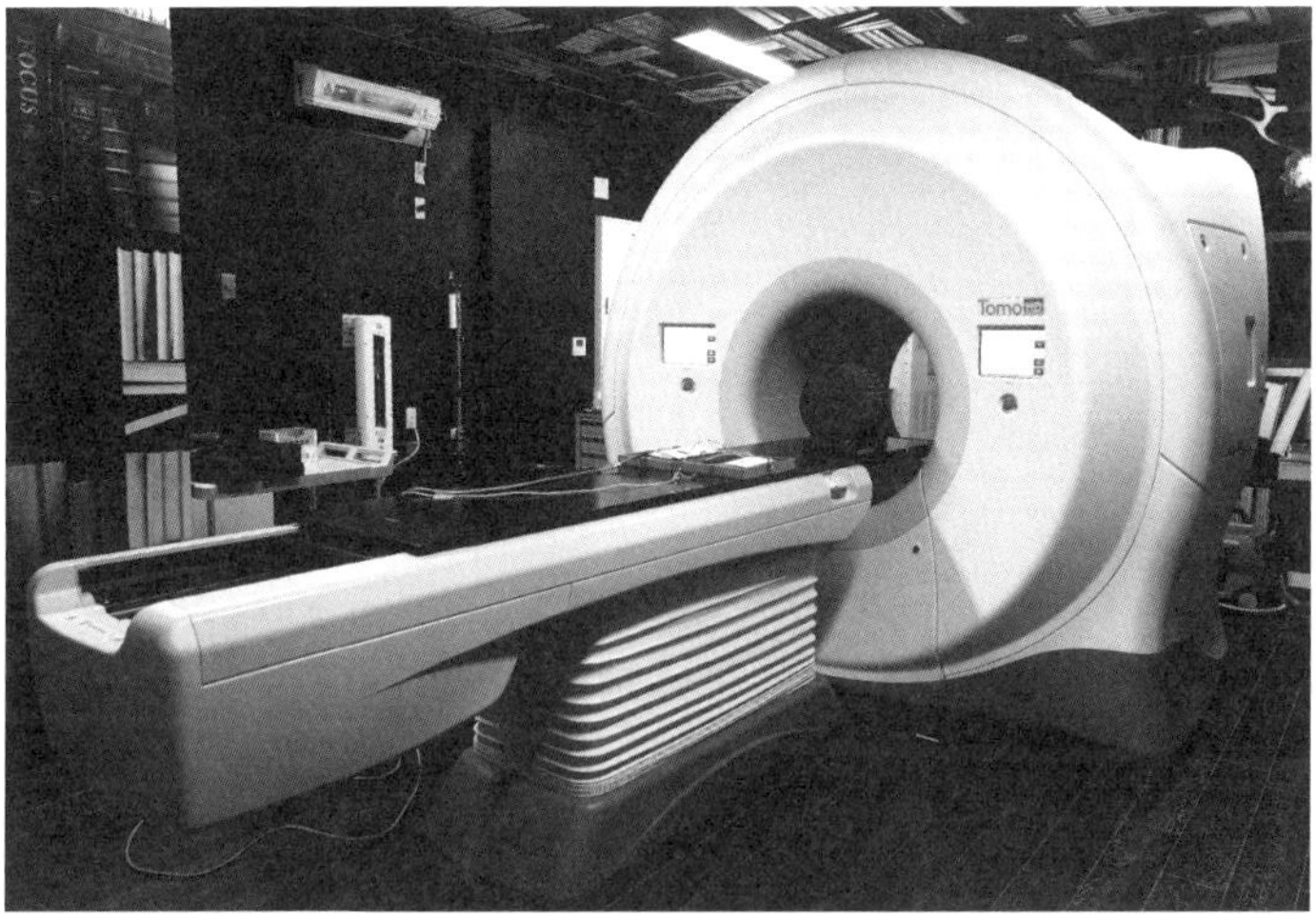

江戸川病院で使われているトモセラピー

それは嬉しい！

機器の部分もかなり進化してきていて、ＭＲＩを使ってＣＴよりさらに高精度で腫瘍を測れるVIEWRAY《ビューレイ》社のメリディアンという機械も導入されてきているんですよ。患者さんの臓器の動きに合わせて位置をリアルタイムで調整して照射することができるのも特徴です。

たとえば、肺がんの患者さんで呼吸によって腫瘍の位置が変化したとしても、この機械なら腫瘍の動きを追尾して正確に照射することができるということです。

すごいなぁ、やっぱり機器の進化は重要なんですね。

はい。でもですね、最近はさらにその上をゆくものがあるんです。

え、まだ上が!?

「BNCT」という治療法で、核反応を利用したものになります。

核反応!? って、どういうことですか!?

ホウ素という元素があるのですが、これをがん細胞に取り込ませて、そこに中性子をぶつけるんです。そうすると、がん細胞に核反応が起きて腫瘍を退治できます。

体に悪影響はないんですか!?

はい、核反応というと怖いかもしれませんが、ホウ素を取り込んだがん細胞だけに働くもので、非常に理にかなっているんです。**正常細胞がまったく傷つくことがないですし、何より治療回数が1回で済む**というのが非常に画期的なところです。

１回で？　ふつうの放射線治療は１回じゃないんですか？

はい。お伝えしたように、従来の放射線治療では少なからず正常な細胞にもダメージを与えてしまいます。なので、１回の照射量を少なくして、数十回に分けて照射することが一般的なんです。

そういえば、うちのおばあちゃんも何度も通って放射線治療をしていた、という記憶があります。

そうなんです。ただですね、最新のＢＮＣＴはその心配がなく、たった１回の照射で治療ができるんです。この方法であればメスが届かないような場所でも治療ができるので、悪性脳腫瘍や難治性の悪性黒色腫、そしてなるべく機能温存をしたい耳鼻科領域のがんにも適しています。

おお、そう聞くと相当に素晴らしい治療法な気がしますね！　どこで受けることができるんですか？

いえ、残念ながらＢＮＣＴはまだ臨床試験が行われている段階で、実用化はもう少し先になりそうです。中性子の発生装置を置く専用の建物が必要になってくるので、施設の数も限られてくるとは思いますが、治療の選択肢を広げるとてもいい方法だと私は思います。

まとめ

正常な細胞が傷つかないトモセラピーが開発され、さらに核反応を利用した治療ＢＮＣＴも現在臨床試験中。

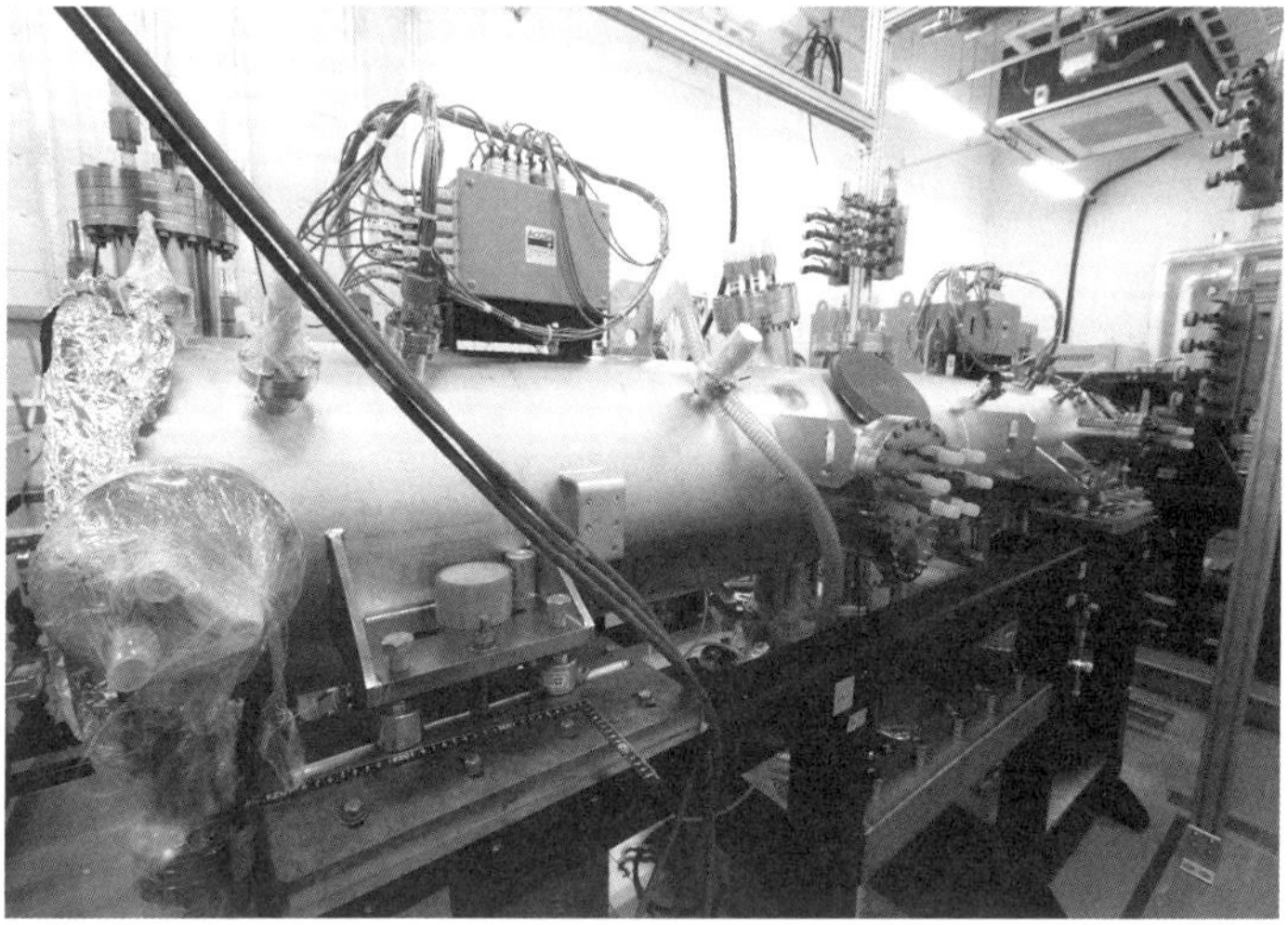

江戸川病院で準備中のBNCT

薬の副作用でがんになる？ 二次がんの発症率はどれくらいか

ここまで、標準治療で後遺症はほとんど残らないという話でしたけれど、たとえば治療中の副作用が原因でがんになってしまうことってあるんですか？

実は、そういうこともあります。

えっ、あるんですか!?

割合としては多くないのですが、**「二次がん」や「二次発がん」といって、治療がもとでがんが生まれる**ことを言います。

どんなメカニズムなんですか？

一つは抗がん剤ですね。標準的な抗がん剤にはがん細胞だけでなく、正常な細胞も傷つけてしまうものもあります。このとき、稀に遺伝子に傷がつき、それがもとで治療が終わったあとに別のがんが出てくることがあるんです。

ええ、怖いですね!?　その論理だと、放射線治療でも起きるんですか？

放射線治療でも、浴びる放射線量が高くなってくると、やはり二次がんのリスクは高まってくると言われています。

実際、割合としてはどれくらいなんでしょう？

がん治療が終わったあとも生存している人をがんサバイバーと言うのですが、**サバイバーのうち2~3%**という数字があります。つまり、がん治療が終わった１００人中２～３人程度の割合です。

そう考えると、稀な数字に見えてきますね。発生しやすい人はいるんですか？

はっきりとした統計はないのですが、**若い人ほど二次がんの発生率は高くなると言われています**。ですから、子どもや10代〜30代の人はより注意が必要です。

そうすると、がんの治療が終わったあとも定期検診は欠かせないですね。

はい、おっしゃるとおりです。がんの有無にかかわらず定期検診は続けてほしいと思います。近年は正常な細胞を傷つけない治療方法がどんどん確立されてきているので、二次がんの発生率もより少なくなってくると思います。

まとめ

二次がんが発生する確率は、がんサバイバーのうち2〜3%。特に若い人はなりやすい傾向にあるので、治療後も定期検診は欠かさずに！

放っておいても大丈夫ながんがある？

先生、何年か前に売れた本に「がんになっても病院に行かずに放置しなさい」と書かれていたんですが、実際に放っておいても大丈夫ながんってあったりするんですか？

放っておくことはまったくおすすめできないのですが、実はですね、一部のがんには何もせずに放っておいてもほとんど進行しないか、中には自然に治ってしまうようながんもあります。

そんながんがあるんですか!?

たとえばですね、甲状腺がんの一部に乳頭がんというものがあります。乳頭がんは甲状腺がんの中でもっとも患者数が多いがんなのですが、**乳頭がんは進行が非常にゆっくりなんです。そのため、放置しておいても寿命に直接関係することは少ない**、という稀ながんです。

進行が遅いから寿命に関係しない……そんなパターンがあるとは……。

もちろん、中には悪性度が高いものもあるので定期的に画像などで経過観察をおこない、進行が早ければ手術を行うのですが、悪性度が高い場合でもきちんと治療を行えば10年生存率は95％を超える成績です。

95％!?　すごい数字ですね。

他には、悪性リンパ腫の中で「濾《ろ》胞性《ほうせい》リンパ腫」や「MALTリンパ腫」と言われるものがあり、これらも非常に進行がゆっくりで、中には何もしていなくても自然に消えてしまう場合もあります。

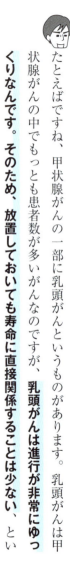

え〜！　何もしなくても消える⁉

本当に不思議なんですが、進行期であっても腫瘍の量が少なかったりします。リンパ節が腫れている場所が機能的に問題ない場合は、すぐに抗がん剤治療を行うのではなく、ウォッチ＆ウエイト、つまり経過観察をすることが多いです。

他にもゆっくりタイプのがんとして前立腺がんが挙げられます。

え、前立腺がんもそうなんですか！

そもそも**前立腺がんは若い人がなることは稀で、60歳を過ぎたあたりから徐々に罹患《りかん》数《すう》が増えてきます**。早期発見すれば放射線治療や手術で治癒可能ですが、治療をしなくても非常にゆっくりと進行するので、寿命に直接影響を及ぼさないことも多いんです。

意外ですね、もっと深刻ながんなのかと思っていました。

もちろん中には急速に進行して骨などの全身に転移する場合もあるので、自分で判断

するのではなく、きちんと専門医に受診して、適切に診断してもらい、病期や年齢などを総合的に考えて治療方針を立てることが肝要です。

まとめ

進行が非常にゆっくりな乳頭がん、前立腺がんなど寿命に直接影響しづらいがんもある（ただし、受診しなくてもいいわけではない）。

統計上、終末期は病院より在宅のほうが長生きできる

ここまでは治療法について伺ってきましたが、がんが見つかったときにはもう手遅れでどうしようもない、ということももちろんあるんですよね。

はい。技術が進んだとはいえ、検診では見つけにくいがん、また進行がかなり早いがんもあります。標準治療では打つ手なし、ということも残念ながらあります。

いわゆる余命宣告というやつですよね？　そんなときにはどうするのでしょうか。

患者さんの考え方一つですが、がんの終末期には積極的な治療を進めるのではなく、

「緩和ケア」といって、心身の痛みのケアをしていく治療方針をとることが多いと思います。

最近よく、最期のときを病院で過ごすのか、家で過ごすのか、ということが話題になっていますよね。

はい、非常に重要なテーマです。実は私が大学受験のときに、ある大学で集団でディベートを行う試験がありました。そのときのテーマが、まさに「終末期は在宅がいいか？　病院がいいか？」だったんです。

なんとも厳しいお題ですね！　先生はどちら派だったんですか？

在宅派です。当時はたしか7～8人でディベートしたのですが、私1人だけが在宅に賛成で、残りは全員病院での治療に賛成でした。試験官も見守る中、四面楚歌の状況でしたね。

医学部の試験ですから、それはふつう病院派を選びますよ！（笑）

そんな思い出話はさておきですね、この問題のヒントになるような研究の結果が2016年の世界的な医学雑誌『Cancer』に掲載されました。

どんなものだったんですか？

筑波大学の調査で、2000人のがん患者を対象としたものなのですが、**「在宅のほうが、病院で過ごすよりも1週間長生きできる」**という統計データが出たんです。

なんと！　病院のほうが痛みのケアだったり延命治療だったりが進んでいそうな気もしますが、違うんですね？

自宅だと痛みが出たり、ご飯が食べられなかったりしたときに適切な対応がしてもらえないのではないかという懸念があるかもしれませんが、それは杞憂《きゆう》のようです。現在は在宅でも点滴が必要な際には往診で点滴もできるし、痛み止めの麻薬も内服薬、座薬、貼付薬《ちょうふやく》など複数の剤型があります。

家でも必要なことはできる、ということなんでしょうか。

最低限以上のことは家でできると思います。むしろ病院にいると、過剰な点滴をされたり、集団生活のルールもあり、ストレスを感じる場面もあるかもしれません。その点自宅のほうが気はラク、ということはあるでしょうね。

まとめ

現在の医療では、自宅でもある程度の医療ができ、終末期に病院で治療するのが正解とは限らない。

第5章

いい医師・いい病院の選び方

どんな病院にかかるのが正解？病院選び４つの基本ポイント

先生、この章では診察を受けたり治療をしたりしていくにあたって、どんな病院で治療してもらうのがベストか聞いていきたいのですが、どんなことを考えておくといい病院やいい先生を選べるんでしょうか？

非常に大事なところですね。おそらく多くの方は、検診などを受けてがんと診断されたクリニックや病院から紹介されたところにそのまま行く、というパターンだと思います。

紹介された病院なら間違いないだろう！　と思ってしまいますけど……よくないんで

すか⁉

いいえ、それが悪いわけではありません。ただし、その病院が本当に適しているのか、いくつかポイントを知っておくといいかと思います。

ポイントですか、ぜひ教えてください！

はい。まずは大きく4つの観点があります。

病院選び４つのポイント

① 手術で治癒を目指す場合には、症例数の多い病院
② 化学療法や放射線治療がメインになる場合は、自宅から近い病院
③ 生活習慣病や心血管疾患などの合併症がある場合には、総合病院
④ キャンサーボードが設置されていると理想的

という4つのポイントです。

では一つずつ聞いていきたいのですが、「**手術で治癒を目指す場合には、症例数の多い病院**」というのは？

はい。がんの進行がまだ浅く、手術で十分治癒が見込める場合には、手術が得意な病院を探したほうが確実性が高くなります。ステージが進んでいたとしても、また通常の外科医なら切り取れないようながんでも、ゴッドハンドのスーパードクターがいて切除できる可能性があるなら、たとえ遠くの病院でも受診するべきです。

なるほど、そういうことですか！　その病院が手術が得意かどうか調べるにはどうすればいいんでしょうか？

はい、その**指標の一つとして手術の症例数**があります。症例数の多い病院は経験豊富ということなので、おすすめです。手術症例数は「病院情報局」のホームページから検索ができるようになっています。アドレスはこちらですね。

病院情報局
http://hospia.jp/dpc

では2つ目の「**化学療法や放射線治療がメインになる場合は、自宅から近い病院**」というのは？

はい、抗がん剤を使った化学療法や放射線治療は基本通院になります。使う薬によって通院ペースは変わるのですが、中には毎日投薬が必要なものもあるんです。

毎日ですか！

たとえば7日間連続で注射をして、その後、間を空けてまた連続で投薬……といった具合で、それぞれ投薬のスパンがあるんです。放射線治療の場合も、土日祝日を除いて原則は毎日通院で放射線を照射していきます。

そうなってくると、たしかに距離は大事ですね。毎回片道2時間も3時間もかけてい

たんじゃえらいことになりそうです。

はい。がん患者さんにとって、自宅からの通院で体力を消耗するのはできるだけ避けたいところですし、自宅で発熱があったり息苦しくなったりなどで具合が悪くなった際に、救急車を呼ぶことがあるかもしれません。そんなときに、**あまりにも遠い病院だとその救急車の管轄外《かんかつがい》となり、搬送してくれない可能性もあります**。

遠すぎると運んでくれないんですか!?

そうなんです。となると、近所の救急病院に搬送されるか、タクシーなどを利用して遠方のかかりつけの病院で受診するか、といったことになってしまいます。

そんな事態は避けたいところですね！

はい。なので、外来での治療がメインになってくる場合には、少しでも自宅から近い病院での治療をおすすめします。
どうしても遠方の病院に通院をしたいという場合には、あらかじめ何かあったときのために近くの病院宛に**「診療情報提供書」**を用意してもらったほうがいいでしょう。そうすると、急患でも治療の状況を把握できます。

では、3つ目の「**生活習慣病や心血管疾患などの合併症がある場合には、総合病院**」について教えてください。合併症のあるなしで何か変わってくるんですか？

はい。手術にしても化学療法にしても、合併症の有無は極めて重要な要素になってきます。

そうなんですか！

たとえば腎《じん》機能が悪くて透析《とうせき》を行っているような場合には、その病院に透析の設備があるかどうか確認する必要があります。**がん専門の病院などは、透析の設備がないことが多い**んです。

そういうことですか！　並行して治療を進めないといけないときには、設備環境の問題が出てくるんですね。

はい、そうなんです。心臓も同様ですね。抗がん剤治療の副作用で心臓に負担がかかるものもあります。抗がん剤治療中に心不全などになった場合は循環器内科に相談して治療できる環境があったほうが安心です。

私が以前勤務していたがん専門病院には循環器内科がなかったため、必要となった場合は、近隣の循環器を診てもらえる病院に転送していました。しかし、転送先の病院はがんに関する診療科がないこともあります。

つまり、**臓器合併症がある場合は、がん専門病院よりは大学病院や市中病院などの総合病院のほうがおすすめ**なんです。

がん専門病院だと、がんだけに特化した設備になっているんですね。

そうなんです。どんな合併症を持っているかにもよるのですが、合併症がある方の場合、基本的には総合病院をおすすめしたいと思います。

では、最後の「キャンサーボードが設置されていると理想的」とは？

がんの治療の選択肢を広げるためには、**外科医だけではなく、抗がん剤治療を行える**

腫瘍《しゅよう》内科、放射線治療を行える放射線治療医がいて、定期的にそれらの医師がキャンサーボードを開催しているところが理想です。

キャンサーボードは、複数のお医者さんがチームを組んで治療方針を決めてくれるシステムですね！

そうです。このような体制がある病院は医師同士の連携がとれていますので、患者さんとしても安心な環境だと言えるでしょう。

たしかに患者の立場としてはありがたい話です。では、以上が基本の４つとして、さらに考えておくといいことはありますか？

そうですね、たとえば本人の生活スタイルがあります。

生活スタイルですか？

はい、若くて仕事をバリバリやっているような方は、抗がん剤治療や放射線治療を外来でやっているところのほうが適しているでしょうし、**診療時間も平日の昼間だけで**

なく、夜間や週末も診療を行っている病院を探してみるといいかもしれません。

たしかに、平日の昼に簡単に抜け出せない場合は夜間診療の病院はありがたいですね。

さらにもう一つ、**サポートしてくれる家族が近くにいるかどうか**も治療を進めていく上では重要な観点です。

家族ですか！

はい。がん患者さんは体力的にも精神的にも追いつめられている人が少なくありません。自宅の近くに子どもや兄弟がいてサポートしてくれる体制があればいいですが、たとえば親子が離れて住んでいる、というような場合はその近くの病院で治療をすることも選択肢の一つとして考えてもいいかもしれません。

うちの両親は長野に住んでいるのですが、もし母や父ががんになったら、自宅の近くに呼ぶというのも一つの手というわけですね。

必ずしもそれがベストというわけではありませんが、治療中は物理的な距離が近いほ

うが精神的に安心できるのは間違いありません。
すべてが１００点ということは難しいかもしれませんが、いざということになる前に、病院のピックアップをしておいてもいいかもしれません。

まとめ

ケースによって最適な病院は変わってくる。
近くの病院の特徴をリストアップしておくと比較しやすい。

大学病院での手術はおすすめしません！その理由とは？

手術をするときには症例数の多い病院がおすすめという話でしたが、たとえば大学病院みたいに大きい病院で治療するのって、ぶっちゃけどうなんですか？　大きい病院のほうが安心できるような気はするんですが……。

あくまでも一般論でケースバイケースではある、という前提ですが、**手術ならば、大学病院やセンター病院ではなく、それ以外の市中病院をおすすめ**します。

え、大学病院はよくないんですか!?

いい・悪いというよりも役割や目的の話だと考えてもらうといいかもしれません。そもそも大学病院とセンター病院について説明しておくと、大学病院は診療以外に若手の教育と研究という役割があるので、一般の病院よりもやらなければいけないことが多くなります。

一方のセンター病院も比較的大学病院と似ていて、新薬の治験や若手医師の教育や臨床の研鑽《けんさん》を積む場所、という役割を担っています。

新人研修というか、お医者さんの登竜門みたいなところなんですね？

はい。私自身も大学病院で研修を行い、その後、虎の門病院、がん研究会有明病院で臨床経験を積みました。

でも、どうして手術がおすすめできないんですか？

たとえば大学病院では採血や点滴ルートの確保、簡単な処置などは研修医に経験してもらいます。すると言い方は悪いですが、**若手医師の経験の糧《かて》になる……という可能性も十分にある**わけです。

あ〜、そういうことですか！　それはちょっと怖いなぁ……。その場合、ベテラン先生を指名することはできるんですか？

はい。どうしてもお目当ての医師に診てもらいたい場合は、紹介状に病院名と診療科名だけでなく、必ず希望する医師の名前も記載してもらったほうがいいでしょう。ただ、有名な医師は「順番待ち」が発生しますから、治療のスピードが重要ながん治療とは、ちょっと相性が悪いんです。

指名するとスピードが遅くなるという欠点もあると……では反対に、手術をするなら市中病院がおすすめという理由は何なんですか？

市中病院というのは、大学病院やセンター病院と違ってどこも医師不足なんです。でも、患者さんはどんどん来院されます。

あらら、大変そうですね……。

はい、現場の医師的には非常に大変なんです。しかし、**手術の症例数は必然的に増え**

てきて、腕は上達しやすくなります。また、がん以外に心疾患や糖尿病などの**生活習慣病を合併した場合でも他の診療科との垣根が低く、連携をとりやすい**ため、総合的に診療してもらうことが可能です。

たしかに……大手企業よりベンチャー企業のほうが小回りが利くし、業務量をこなすから腕が上がる、というのはありそうな話です（笑）。

そうなんです。そうした市中病院で、40代くらいの脂ののった医師に担当してもらえると手術に関しては安心かなと思います。

どうして40代なんですか？

医師も一般企業と同じで、年齢が高くなって教授、部長といった肩書きを持つようになると組織のマネジメントに回るようになるのが一般的です。すると、現場からは必然的に遠のいてしまうんですね。一方、**40代前後の医師は治療の現場を体感レベルで知り、かつ患者さんの数をそこそこ経験していることが多いのでおすすめ**なんです。

もちろん、50歳を越えても現役でバリバリ手術をしている外科医もいらっしゃって、上皇陛下の執刀医でも有名な順天堂医院院長の天野《あまの》篤《あつし》先生はいまだに現役バリバリで手術をされていますので、例外もあります。

いずれにしても今の現場での経験数が大事というわけですね！

はい、個人的にはそんな医師をおすすめします。

ちなみにですけど、化学療法を行う場合におすすめな病院はありますか？

化学療法を行う場合には「がん薬物療法専門医」がいる病院を選ぶと間違いないかと思います。

先生の持っている資格ですね。

そうです。この資格はもともと薬物治療のスペシャリストを育成しようと国の主導で始まったもので、さまざまながんを横断的に診療できる知識が必要で、5年ごとに更新試験があります。

聞くだけで大変そうな資格ですけど……それだけのプロなら安心して任せられそうな気がします。その先生を知るにはどうすればいいんでしょうか？

これは、日本臨床腫瘍学会のホームページから検索することができます。参考にしてみてはいかがでしょうか。

がん薬物療法専門医の名簿
http://www.jsmo.or.jp/authorize/lists.html

ちなみに先生、興味半分で聞くんですが、執刀医の指名料ってかかるものなんですか？ドラマなんかで見たことある気が……。

安心してください、指名料はかかりません。現在の日本の制度では、基本的にはどんな人でも平等な医療を受けられる仕組みになっています。

そうなんですか！　それは一つ不安が解消されました！

ただ、有名だったり、優秀な医師のところには患者さんが殺到しますから、その医師の診療を受けようと思うとだいぶ先まで予約が埋まっている可能性はあります。それを待っているとせっかく早期発見されたがんが進行期になっている可能性もあるので、注意が必要です。

がん治療はスピードが命ですね。

そのとおりです。

まとめ

手術の腕は、こなした数が多い医師ほど上達しやすい。
外科治療ならば、市中病院がおすすめ。
また、化学療法ならがん薬物療法専門医のいる病院が間違いない。

いい主治医の選び方、教えてください！
いい医師の４条件

病院の選び方の基準はわかってきたのですが、どんなお医者さんにかかるかも重要な要素ですよね？

はい、特にがんと診断されたとき、治療方針を決めていく上では信頼できる主治医を見つけることは極めて重要です。主治医は、がん治療という大海原に出航する際の船長だと考えてみていただけるとよいと思います。

まさに命を預けるわけですもんね。

はい、まさにです。一昔前だったら、たまたま受診した病院でたまたまその日に外来をやっていた医師が主治医になるケースも少なくなかったですが、今は患者さん自身が病院や主治医を選べる時代になっています。

主治医を選ぶにあたって、どんなポイントがあるんでしょうか？

はい、これにも大きく4つのポイントがあると思います。

いい主治医を見極めるための4つのポイント

① 敬語や丁寧語で会話してくれるか
② 目を見て会話してくれるか
③ 自分の専門領域でなければ、きちんとしかるべき診療科に紹介してくれるか
④ 同じ診療科でも他の医師に意見を求めることができるか

お〜！　わかりやすい！　どうしてこの4つのポイントなんでしょうか？

まず①**「敬語や丁寧語で会話してくれるか」**と②**「目を見て会話してくれるか」**ですが、要はコミュニケーションの問題です。医師が患者さんを人として尊重してくれるかどうかは重要で、治療はある程度時間がかかるものですから、コミュニケーションがきちんととれて、信頼関係を築いていく必要があります。

たしかに……。たまにタメ口のお医者さんに当たると「え？　何で？」って思うことがありますね（笑）。

これは③**「自分の専門領域でなければ、きちんとしかるべき診療科に紹介してくれるか」**と④**「同じ診療科でも他の医師に意見を求めることができるか」**にも共通することなのですが、医師は他の職種に比べてプライドの高い人が多い職業です。

たしかに、仕事でご一緒する方も多かったですけど……そういう先生は一定数いますね……（笑）。

そうなんです。プロとしてのプライドを持って仕事ができることと、人間として傲慢《ごうまん》なのは、同じプライドでもまったく種類が異なります。ぜひ、プロフェッショナルと

してのプライドが高い人を選んでいただきたいと思います。

プロとしてプライドが高いというのは具体的にはどういうことなんでしょうか？

それがまさに③と④なのですが、医師といっても専門領域はさまざまです。**それぞれの領域が日々進化していますから、医師であればすべてのことを知っているということはない**んですよ。ですから、患者さんの病状によっては、必ずしも1人の医師では100％の治療ができないこともあります。

同じアスリートでもサッカー選手と野球選手では得意とすることが違いますもんね。お医者さんも同じなんですね。

そうなんです。もちろんどの医師も初歩的なことはおさえているはずですが、その分野に深く精通していないとわからないこともたくさんあります。そんなとき、本当にプロ意識の高い医師は自分に診断や治療の能力がなかったら、しかるべき病院や医師に紹介できる人だと思います。一方で、自分が知識不足の領域に出会ったときに他の医師に相談できない、という医師はプロとしては中途半端で、診断できる範囲、治療

できる範囲が狭い可能性があります。

たしかに、わからないことを素直にわからないと言える誠実な先生にかかりたいものです。その先生が本当にその分野のプロなのか知る方法は何かないんでしょうか？

実はですね、**日本には「専門医制度」というのがあって、専門医という資格を持つ医師であればプロフェッショナルであることは間違いない**と思います。その医師が専門医なのかどうかは、各学会のホームページに掲載されている専門医名簿で検索することができます。

専門性のあるなしは専門医かどうかで見るのが確か、ということですね。

一つの指標として参考になると思います。

ちなみに聞いてみたいのですが、先生が理想とするお医者さん像はありますか？

そうですね……私の目指す究極の医師像は患者さんや患者さんのご家族に「あなたに診てもらって最期を迎えられるんだったら、たとえその治療が間違っていたとしても

本望だ」と言われるような医師でしょうか。

おお！　まさに究極の信頼関係ですね！

もちろん治療が間違っていいということではなく、間違わないのはあたりまえ。その上で、いい信頼関係が築けるような医師になれたらとは常々思っています。

そんな先生に担当してもらえたら患者さんとしても幸せですねぇ。

そうなれるよう、精進していきたいと思います。

ではこのあとは続いて、主治医との付き合い方についてぶっちゃけたところを聞いていきたいと思います。

まとめ

いい医師は、コミュニケーションがとれて、誠実で、専門性があること（専門医資格を持っていると安心）。

主治医と患者の信頼関係のつくり方

では先生、信頼できそうなお医者さんを見つけたら、そのあとはどのように付き合っていけばいいんでしょうか？

患者と医師の付き合い方ですが、基本スタンスは「対等」です。どちらが偉いということはありません。金を払っているんだから患者の言うことを聞け、私は医師なんだから患者は言うとおりにしろ、という関係はバランスが悪いですね。

信頼関係をつくっていくことが重要なんですね。

そうですね。私たち医師も人間ですから、**信頼関係が構築できていない相手からいきなり高圧的に来られると、かなり身構えてしまいます**。それで治療の質が落ちるということは決してないはずですが、いい関係を築いていったほうが治療はスムーズに進むと思います。

信頼関係を築いていくために患者さんがとったほうがいい具体的なアクションはあったりするんですか？

そうですね、たとえばですが、主治医の話をメモしていただく、というのは意外といいポイントかもしれません。

話をメモする、ですか!?

必ずしもメモである必要はありません。ただ、真摯《しんし》な対応というのは誰にとっても気持ちよく映るものですよね。医師としては、**こちらの話を真剣に聞いてくれているとわかると「ああ、いい患者さんだな」と思ったりするものです**。

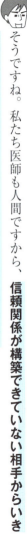

昔仕事したビジネス書にそういうことが書いてありましたけど、新入社員のマナーと似たようなものですね（笑）。

そうかもしれません（笑）。反対に、私も何度か経験があるのですが、いきなりボイスレコーダーで会話を記録する患者さんもいらっしゃって、あれはあまりいい気はしないものです。

いきなりボイスレコーダーで録音？　かなり感じが悪いですね……。

反対に、患者さんが治療の面や話の中で気になったことはどんどん質問していただいてよいと思います。医師があたりまえだと思っていることは患者さんにとってあたりまえではないのですが、医師はそのことに気づけないことがあります。**難しい言葉やわからない説明、不安なことがあったら、「どういうことですか？」とぜひ聞いてみてください**。

患者側も受けるだけでなく、積極的になったほうが結果的にいい関係が築けるんですね。

はい、つまりはコミュニケーションの問題だと思います。
たとえばですけど、治療で抗がん剤を使ったときに副作用で吐き気やしびれが出たとします。ですが、この副作用は採血などの数字であらわせるものではありません。あくまで患者さんの主観的な感覚です。そうした感覚も遠慮なく正確に伝えてもらうことは、次回以降の抗がん剤治療の計画を立てる重要なヒントになります。

恥ずかしいことは聞けない、おかしいことを言っちゃいけないなんていうプライドにじゃまされてはいけないんですね。

はい。そのとおりです。不安や疑問を抱えたまま治療に突入するのではなく、気になることは遠慮せず全部聞いて、自分でも納得した上で治療を行っていかないと、途中で挫折してしまうことも多くなってしまうんです。

お〜、それは非常に大事なことを聞けました！
ちなみに先生、その流れで聞きづらいことを聞くのですが、「心づけ」って今でもある制度なんですか？

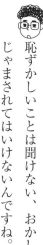

「心づけ」ですね。心づけは制度ではなく、あくまでも慣習です。なので、当然ながら強制されるようなものではありません。最近では行われなくなってきてはいるのですが、まだ風習として残っているところもあるにはあると思います。

風習ですか……というと、お歳暮を贈るか、贈らないか、みたいな話なんですかね？

非常に近いかもしれません（笑）。一つ言えるのは、**心づけをしたから治療がよくなる、心づけをしないから扱いが悪くなることはない**ということです。ですので、私自身の見解としてはしなくていいのかなと思います。

安心材料が一つ増えました！　ありがとうございます！

まとめ

医師の話をよく聞き、わからないことは何でも質問していくことでいい関係ができていく。

ちなみに心づけを渡す必要はない。

指導医、専門医、認定医、お医者さんの資格にも違いがある

専門医についての話を聞きましたけど、そういう特別な資格や肩書きは他にもあるんですか？

はい、医師の資格にも実はいくつか種類があり、全員が持っているのが医師免許で、その他に各学会が認定している資格があるんです。

どんな資格なんですか？

学会によって多少の違いはありますが、**大きく認定医、専門医、指導医という資格に**

分かれています。

簡単に言うと、認定医はまだその領域の駆け出しの段階で取得するもので、医師になって、4~5年以内に取得できることが多いものです。

専門医は、さらにそこから3~5年ほど研鑽《けんさん》を積んで、その道のスペシャリストとして認められるレベルに到達したという証明になります。

指導医というのは、専門医取得後さらに数年経過して、その施設の中で指導的立場にあって、教育カリキュラムに準じて、後進の育成を行う場合に任命されるものです。指導医の資格を持っていると、勤務している病院自体が教育認定施設として任命されます。

そんな仕組みがあるんですか！　あらためて、先生のがん薬物療法専門医は具体的にはどんな資格なんですか？

私の持つ資格は日本臨床腫瘍学会が認定しているもので、血液、呼吸器、消化器、乳腺の4つの領域のがんの診療経験が必須で、化学療法の経験が30例、あとは病歴の提出や筆記試験、最終面接をクリアすると取得できるものです。

毎年１００人程度しか認定されていないらしいですけど、そんなに難しいんですか？

カバーしなければならない範囲が広いので、知識のアップデートが必要なのもそうなのですが、特に血液、呼吸器、消化器、乳腺４つの領域のがんの診療経験が必要というのも非常に難しい理由です。

専門医の中で最も取得・維持が難しい資格と言われているんですよね？

はい、そう言われています。がん治療というのは、あらゆる分野の知識が問われるものなので、理想を言えばこの資格を持っている医師に意見を求めることがより安心だとは言えます。

そういえば、別の本で「がん治療認定医」という肩書きを見たのですが、こちらの資格はどうなんでしょうか？

名称は似ているのですが、こちらは日本がん治療認定医機構という団体が定めるもので、認定施設で研修を受けて、症例報告の提出と学会発表をして、試験に合格することで認定されます。がん診療の基本的知識と技術を習得した医師が任命されるものなんです。

数は多いんですか？

がん薬物療法専門医の10倍くらいの取得者がおり、主に外科医が取得していることが多いようです。

こういう知識は一般にはなかなかおりてこないので、目安として知っておくのはいいかもしれませんね！

まとめ

医師にも専門資格が存在しており、専門医の資格を持つ医師はその分野のプロフェッショナル

病院によって扱っていない薬がある？

病院についても聞きたいのですが、病院によって受けられる治療が違う、ということはやっぱりあるんですか？

本来ならばどこでも平等な治療ができるのが理想なのですが、残念ながら病院によって治療の範囲はあります。

たとえば、ＰＥＴ検査ができるところとできないところ、放射線治療ができるところとできないところなど、診療科の違いや医療機器の違い、また勤務する医師の違いなどによって診断のスピードや治療方針が変わってしまうことも実際にはあります。

たしかにそれは、資金力だったり経営の問題も関わってきますもんね。
ちなみにですけど、病院によって出せる薬とか出せない薬とか、そんな違いはさすがにないですよね？

鋭い指摘です。実はですね、薬剤に関しても病院によって異なることがあります。

え～！　そうなんですか!?

はい、そうなんです。製薬会社も薬剤の種類も多いので、物理的にすべての薬剤を扱うのは難しいんです。とはいえ、胃薬や高血圧、糖尿病、高脂血症などの薬は複数の製薬会社が販売しているので、治療に決定的な差が出ることはありません。

なんだ！　それなら安心ですね。

ただですね、がんの場合は違ってきます。

なんだか怖い雰囲気ですね……。

ある抗がん剤が、Aという病院では採用されていても、B病院では採用されていないので使えない、ということも起こるんです。

出た〜！　怖い話ですね。何でそんなことが起きるんですか？

病院には薬事審議委員会というものがあり、そこで新薬などの採用を決定しているんですが、採用して入荷しても、対象患者さんが少ないような疾患の場合は病院が在庫として抱えることになってしまいます。

在庫リスクの問題ですか！

そうなんです。抗がん剤は他の薬剤と比べて薬の価格がとっても高いんです。さらに、**薬剤にも使用期限が決まっている**のが大きな問題です。

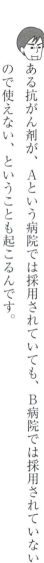

え、消費期限があるんですか!?

そうなんです。たとえば、3年に1人くらいしか治療しないような珍しいがんに対する薬剤をずっとストックして、期限が切れたら破棄というのは病院にとっては非常に効率が悪くなります。薬剤の価格が高ければ高いほど、リスクが高くなってしまうというわけです。ただ、残りの使用期限がまだ1年以上あるような場合は卸《おろし》会社が買い取ってくれたり、必要なときだけ適宜購入するというシステムもあります。

病院も法人ですし、そういう在庫は抱えたくないのは当然といえば当然ですね……。

もう一つ、人的な差もあります。

人的な問題？

たとえば、サレド（一般名はサリドマイド）やレブラミド（一般名はレナリドミド）という多発性骨髄腫《たはつせいこつずいしゅ》の薬剤は、日本血液学会が認定する血液専門医でないと処方してはいけない、という決まりがあります。つまり、血液専門医がいない施設では、これらの薬剤の採用はできないということになります。

そういうことですか！　扱えるお医者さんがいないと仕入れられない薬があるということですね。

そのとおりです。ほかにもゼヴァリン〔一般名はイブリツモマブ チウキセタン〔遺伝子組換え〕〕という悪性リンパ腫に対する抗がん剤は、国から認定を受けた施設でないと投与ができません。現時点で、東京都内でゼヴァリンを投与できる認定を受けている施設は10施設とちょっとしかないんです。

東京都内でも10！　そんなケースが！

以前、某有名大学病院から、私の勤める病院にゼヴァリンを投与してほしいと紹介を受けたことがあるくらいです。

そういうことがあるとすると、病院選びもますます難しくなってしまいますね。

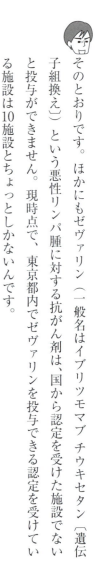

もちろん、たくさんの薬剤を採用している病院が優れているわけではないんです。**大事なのは、その病院で採用されている薬剤以外にも選択肢がある可能性を認識すること**です。

選択肢があるということを知っておけば、先生に本当にその治療法や薬がベストなのか確認することもできそうですね。

そのとおりです。今は病名がはっきりすれば自分で調べることもできます。医師側も、「自身の病院では対応できないが、他院ではできる」と治療の選択肢を提示すべきだと私は考えていますので、患者さんが自身で知識を得るということは、よりよい治療につながっていくと思います。

まとめ

病院によって、薬剤の取り扱いがない場合もある。治療の選択肢を広げるためにも、病名がはっきりしたら自分で調べてみることも大切。

治療方針は誰がどうやって決めるもの？

そもそもの話になってきますが、治療方針っていうのは誰がどうやって決めていくものなんですか？

これは実に微妙な問題で、病院、診療科、医師によって治療方針が異なってくることがあるんですよ。

先ほどもちらっと出ましたけど、詳しく伺えますか？

まず、病院の問題です。たとえば大学病院やがんセンターなどの場合、そのタイミン

グで新薬の治験や新しい治療法を開発するための臨床試験を行っている場合は、なるべくその治療法に誘導することが多くなります。

今一押しの新商品をおすすめされる、ということですね!?

はい。ここは判断の分かれるところですが、私自身は新薬を試していくこと自体は悪いことだとは思っていません。もちろん、医師が他のオプションも含めて説明するのであれば、という前提の話ですが、そのような役割を担う病院がないと新薬の開発や研究が進まず、日本の医療の発展には悪影響が出てきてしまいます。

逆に言うと、大学病院やセンター病院はそれだけ薬の種類も豊富ということですよね。

そのとおりです。**大学病院やセンター病院はそもそも扱う薬剤の種類も多いので、化学療法をメインに進めていく場合、患者さんにとって選択肢は広がる**と思います。

そこまで大きくない病院だとどうなんですか?

はい。**市中病院では、病院によって使えたり、使えなかったりする薬や技術、設備が**

あるため、病院によって治療方針が異なってくる可能性は高いでしょう。白血病を例に挙げると、骨髄移植ができる病院ならすぐに移植するでしょうし、骨髄移植ができない病院ではぎりぎりまで化学療法を行って移植は先延ばしにする風潮もあります。

なるほど……病院自体の特性があるということですね。もう一つ、診療科によって異なるというのは？

これは別の項目でもお伝えしたように、仮に肺がんと診断されたとき、最初に呼吸器外科に行ったのであれば、どうにか手術で切除を試みるでしょうし、内科に行けば抗がん剤治療を行うだろうし、放射線治療科に行けば放射線治療をする確率が高くなる、ということです。一般的な外科に行けば最新の分子標的薬や抗体医薬を使える医師は少ない可能性があります。

得意領域での処置になりやすい、ということですか……では最後の、医師によって方針が違ってくるというのは？

医師も人間ですから、得手不得手、専門医と非専門医の違いもあります。ですから、ど

うしても**使い慣れた薬を選択する傾向にあるでしょうし、自分の専門の診療科での治療を主軸に置く**でしょう。

言われてみると当然ですが、患者にとっては死活問題ですよね。最適な治療方針を知りたいです！

はい、おっしゃるとおりです。そのような環境の違いによってがんの治療方針が決まるのは本来あってはならないこと。がんの治療方針は１人で決めるものではなく、それぞれの専門医が意見を出し合って最適なものを決めていくことが理想です。

実際にそういう取り組みはあるんですか？

はい、それが前述した「キャンサーボード」で、腫瘍内科医、外科医、放射線治療医、放射線診断医などがチームを組んで患者さんの治療方針を決める枠組みです。

どんな病院に行けばキャンサーボードがあるんでしょうか？

がん薬物療法専門医がいる施設の多くではキャンサーボードが設置されつつあります。

え、なぜですか？

実は、がん薬物療法専門医はそのコーディネートの役割を担っているんですよ。

そうか、がん薬物療法専門医はカバー範囲が広いんですものね。

そうですね、総合的にがんの状況を見られるというのが大きな強みなので、キャンサーボードを行っていくには適しているんです。

まとめ

従来、治療方針は病院、診療科、医師の得意・慣れた方法で決まることが多かったが、キャンサーボードの設置されている病院も増えつつある。

セカンドオピニオンを求めたほうがいいタイミングは？

治療方針の話を聞きましたけど、どうもこの治療法では納得できない、という場合はどうすればいいんでしょうか？

はい。それがいわゆる「セカンドオピニオン」の話になってきます。患者さんや家族が現在の治療方針が正しいのかどうか納得できていない場合や、他にも意見を聞きたい場合は、他の病院の専門医に意見を求める、というものです。

セカンドオピニオンって、紹介状とは違うんですか？

紹介状は患者さんが別の病院に移るときに出されるもので、**セカンドオピニオンが紹介状と違うのは、あくまで主治医は変わらず、第三者から意見をもらうという点**です。

主治医は同じで、話を聞きに行くだけということですか！

そうなんです。なので、セカンドオピニオンでは検査や投薬は行いません。費用は自費診療になり、施設や医師によって金額も変わってくるんです。

いくらくらいなんでしょうか？

参考として、私の勤める江戸川病院では30分あたり1万円、15分ごとに5000円が加算されるシステムを採っています。中にはこの10倍くらいの料金を提示している場合もあるので、事前確認をしてほしいと思います。

正直、普段の診察に比べると相当割高感を感じますね……。

そうなんです。自費診療の扱いになるのでどうしても割高になってきてしまいます。

でも、それでも必要なときはあるんですよね？　どんなときにセカンドオピニオンを求めるといいんでしょうか？

前提として、**主治医から提示された治療方針、今進めている治療に納得がいかない、また理解できないときにはなるべく早くセカンドオピニオンを求めるべき**だと思います。医師に言われるままに、自分ではよくわかっていない治療を受けることは絶対に避けてほしいところです。

セカンドオピニオンを希望するときには、主治医の先生に「セカンドオピニオンを聞きたいです」と言えばいいんですか？

はい、素直に言っていただければと思います。言い出しにくいかもしれませんが、きちんとした医師なら笑顔で応じてくれるはずです。

怒ったり、不機嫌になる先生はいないんですか？（笑）

セカンドオピニオンを申し出た途端に不機嫌になるような医師は、自分の治療方針に

自信がないんでしょう。そのような医師に自分の命を預けてずっと付き合っていく必要はないと思うので、ある意味ではいい見極めになるかもしれません。

セカンドオピニオンを求める場合、病院が違うだけでなく、違う診療科の先生に話を聞くのはありなんですか？

はい、それはむしろありでしょう。**現在の主治医が外科医であった場合には、腫瘍内科医や放射線治療医、場合によっては緩和ケア医へのセカンドオピニオンを考えてもいい**と思います。もちろん逆もしかりで、主治医が内科医であった場合には外科医にセカンドオピニオンを求めてもいいでしょう。内科医が手術できないと判断していても、外科医によっては手術適用ありと判断できる場合もあるかもしれません。いずれにしても、他の診療科の医師に意見を求めて、最終的に納得できる形で治療を進めていくことが極めて重要です。

何か注意点はありますか？

はい、1つ気をつけてほしいのは、あまりにもセカンドオピニオンを求めすぎて、結

論を出すのに数ヶ月もかけてしまう、というパターンです。

ありそうな話ですが、ずるずるはいけないんですね？

はい、繰り返しますが、がん治療の原則は早期発見、早期治療です。がんがどんどん進行してステージが変わったり、場合によっては最初なら手術ができていたのに、迷っている間に手術できないほど進行してしまっていた、というのでは本末転倒です。

決めるときは決めないといけないんですね。

そうですね。セカンドオピニオンを行うなら早く手配すること。そして、**求めるとしても最大2～3人までの範囲内**という目安で、早々に治療方針を決定するのがよいでしょう。

まとめ

セカンドオピニオンは、かかった診療科とは別の医師に、最大2～3人まで、と決めて素早く聞きに行くのがおすすめ。

新しい入院治療の制度「DPC」制度とは

がんを治療していくにあたって、知っておいたほうがいいことは他にありませんか？

そうですね、「ＤＰＣ制度」って聞いたことありますか？

ありません！　教えてください！

はい（笑）。ＤＰＣ制度は「包括医療費支払い制度」というもので、主に入院して治療した場合に適用されるものです。**簡単に言うと治療の定額制システム**です。

治療の定額制システム!?　携帯電話の料金プランみたいな話ですね。

はい、ある種近いものです（笑）。このシステムでは、何らかの病気だとわかって入院して治療する場合、それぞれの疾患に対して病院が使える点数がすでに決まっていて、その点数内でやりくりして治療を進めていきます。
つまり、病院に入ってくる金額があらかじめ決まっているので、ムダな検査や治療をした場合は病院の利益が少なくなりますし、最低限の検査や治療を行った場合は病院の利益が上がるという仕組みです。

点数っていうのは、領収書に書いてある数字ですよね！　前提から伺うと、通常のシステムはどんな感じなんでしょうか？

はい、従来は出来高払い制度といって、使った薬剤や実施した検査に応じて診療報酬を請求する仕組みです。これまではすべてがこの出来高払い制度でしたが、最近ではＤＰＣ制度を導入している病院が増えてきているんですよ。

患者はＤＰＣ制度か出来高払い制度にするか選択できるんですか？

いいえ、これは病院ごとに決まっているもので、**ＤＰＣ制度を導入している病院に入院する場合には、原則ＤＰＣ制度での治療になります。**ただし、通常の外来に関してはこれまでどおりの出来高払い制です。

あくまでも入院するときに採用されるということですね。どんなメリットがあるんでしょうか？

まず、入院中のムダな検査やムダな薬剤が削減されるので、治療が効率的になります。患者さんにとっては入院期間は短く済むことが多くなるでしょう。

病院としては早く退院してもらったほうがいいから、だらだらと治療せずに必要なことだけが素早く行われるということですか？

そうですね、考え方としてはそうなっています。必要でない診療で点数を稼ぐ、ということができなくなるので、医療費の削減につながると国が推奨しているんです。

でも、逆に手抜きの治療をされるということはないんですか？

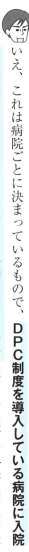

気になる点だと思います。基本手を抜くということはありえないと思うのですが、ＤＰＣ制度を導入している病院では入院中に高価な薬剤を使った場合は病院の持ち出しになるため、なるべく外来での治療に切り替えるようになります。

外来に切り替える？　どういうことでしょう？

たとえば入院してがんを治療中に肺炎になった場合、肺炎の治療費は病院の持ち出しになるんです。そうすると、いったん退院して肺炎という病名で再入院になるか、転院をすすめられる可能性もあります。病院としてはなるべく赤字にならないように、そのようなことも起きるでしょう。

上限の点数が決まっているから、その中でおさまらない部分は再入院か転院か、ということですか！　この上限はどうやって決まっているんですか？

それぞれの疾患によって点数が決まっています。ただ、もっと細かくいうと診療科によっても決められたＤＰＣの点数が違ってきますし、病院によっても変わってきます。

病院によって違うんですか!?

はい。その病院にきちんとした看護体制があるか、救急施設があるか、感染管理のシステムが整っているかなど多岐にわたる項目で決まってくるんです。病院によって点数が違うということはつまり、同じ疾患で、同じ治療を受けて、同じ日数入院していたとしても、病院によって治療費が変わってくる可能性があるということです。

え〜、高くついたら嫌ですね。

正直、DPC制度の善し悪しは議論の余地があるところですが、個人的には病院の利益のためにムダな検査や治療がされる心配は減るのかなとは思います。がん以外でも通じる話なので、気になる方は近くの病院の制度を調べてみたらよいと思います。

まとめ

DPCは、入院費の定額制。
医療費削減を目的に国が推奨している。

第6章

一問一答
ダメ押しで、
気になること全部
聞いてみた！

代替医療について、どう考えたらいいですか？

最後に、気になることをさらにいろいろ聞いていければと思います！　で、まずは代替療法という言葉をよく聞くんですが、要するに代替療法って何を指すものなんでしょうか？

代替療法というのは、標準治療の代わりに行う治療、という意味で生まれた言葉です。がんの標準治療は、外科的治療、化学療法、放射線治療ですが、それ以外の治療で、言い方を換えると民間療法的なニュアンスがあると思います。

そうか、代替療法というのは「標準治療以外の治療法」ということなんですね。

そうです。日本で言えば、**保険診療の適用外の治療で国ががんに対する効果を認めていないもの**、ということになります。

なるほど……漢方薬は標準治療に含まれるものなんですか？

いいえ、漢方薬そのものにがんを制御するというエビデンスは乏しく、定義としては代替療法、ということになってきます。ただ、抗がん剤の副作用を軽減したりサポートするような位置づけで使われることは多いので、そういう意味では完全なる代替療法ではなく、補完療法という意味合いになるかもしれません。

漢方薬でその位置づけだとすると、健康食品などの類《たぐい》はすべて代替療法に分類されるわけですね？

はい、そうなります。以前私が勤務していたがん専門の病院では、どこかで情報が流れているのか、患者さんのベッドサイドに行くとみんなこぞって、同じブランドの水を飲んでいました。みなさんケース買いされてるんです。

水！　そういうのはたしかによく聞きますね！

他にも、ある温泉ががんに効果があるという噂が広がって、患者さんたちがこぞって通っていた、という話もあります。

気持ちはものすごくよくわかる気がするんですが……実際、効果の面ではどうなんですか？

そうですね、エビデンスがあるかどうかでいえば、エビデンスがないと言えます。がんに直接効果があるかといえば、やはり証明はできていないのが現状なんです。たとえばヨガやアーユルヴェーダ、アロマセラピー、鍼灸《しんきゅう》などの東洋発祥の医療も明確なエビデンスがないために、代替療法に分類されます。

実際、患者さんが代替医療を試したいと言ったら、先生はどう答えるんですか？

患者さんから問い合わせがあった場合には、今の治療に影響がない範囲でなら大丈夫ですよと伝えています。

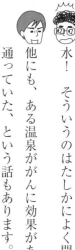

たとえば抗がん剤治療中の患者さんが、アガリクスががんに効くと言われたので飲んでいいかと聞かれたことがあります。しかし、アガリクスというのは、キノコの一種です。継続して摂取するとβDグルカンというカビのマーカーが上昇してしまうんですね。

そうなると、抗がん剤治療の影響でどこからかカビが入ってきているのかアガリクスの影響なのかわからなくなってしまいます。そのため、治療に大きな影響を与えてしまうことになるので、アガリクスの使用はお断りした、ということはあります。

先生自身の感覚として、代替医療というのはぶっちゃけどうなんでしょうか？

そうですね、私はエビデンス重視の教育を受けてきたので、代替医療というのはあくまでも心の拠《よ》りどころだろう……くらいの認識でいたのですが、ただですね、アメリカにMDアンダーソンキャンサーセンターという世界有数のがんセンターがあって、視察に行ったんですね。驚いたのは、そこに**代替医療を専門に扱っているセクションがあった**んです。これはつまり、代替医療もがん医療の一部として認めている、ということです。

へぇ！　世界のがんセンターに！　どんなものがあったんですか？

漢方薬だったり、ビタミン療法だったり、健康食品までありました。このとき結構な衝撃を受けて、だいぶ認識も変わりました。エビデンスがないから代替医療とされているだけであって、きちんとエビデンスをとっていけば、それはもう代替医療ではなくなっていくわけですね。

たしかに。昔の人の知恵も調べてみると科学的にも正しかった！　なんてことはいくらでもありそうですね。

はい、そうなんです。ただ、一つ大きな問題としては**代替医療は現状、玉石混交**だということです。標準治療は、適切な時期に受ければ効果がある可能性が高い、とはっきり言えるものなのですが、代替医療の多くはそうとも言えないものもかなり見受けられます。

そうですね、相当怪しいものだったり、ビジネス目的のものもありますしね。

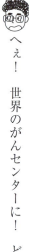

はい。値段が高ければ高いほど効果があるというわけでもありませんし、中にはアガリクスの例のように標準治療の妨げになってしまう場合もあります。**何よりの問題は、代替医療を選んだ結果、標準治療を完全に捨ててしまう人がいる**、ということなんです。

標準治療を一切受けない、ということですか？

はい、そうです。そういう例は珍しくなく、標準治療以外の「他の選択肢」を求めるあまり、がんが進行してしまうということがあるんです。

あらら……それは悔やまれますね……。

たしかに標準治療を選ぶと、抗がん剤治療や放射線治療といった選択肢が主になってきます。治療中には副作用などのデメリットも出てきますが、時期さえ早ければ命が助かり、合併症や後遺症も残らないケースがほとんどなんです。

標準治療と代替療法と、どちらが生存率が高いというデータはあったりするんですか？

あくまでも参考的なデータですが、２０１７年に「Journal of the National Cancer Institute」に発表された論文では、**代替医療を選んで標準治療をしなかった人が5年以内に死亡するリスクは、標準治療を受け続けている人と比べて5・7倍**、という結果が発表されています。

ほぼ6倍ですね！　思想の問題などもあると思いますが、そう聞くと標準治療を捨ててしまうのはもったいない気がしますね。

はい。私のおすすめとしては、まずは主治医が勧める標準治療を行いながら、治療がうまくいかなかったときや、標準治療のサポート的な立ち位置で代替医療を利用していくことかなと思います。

勝手にやってしまうとまずいんですよね？

はい、必ず医師に相談してほしいと思います。こっそりやっていると治療に支障が出てきてしまう可能性もありますから。何でも気軽に報告や相談をできるのが、理想の主治医だと思います。

繰り返しますが、医師と患者さんは対等な関係でタッグを組んでいかないとなりませんから、そこはぜひ信頼関係を生かして何でも相談して進めていくのが理想です。

まとめ

代替療法は、標準治療がうまくいかなかったときや、補助的な役割として使うのがおすすめ。できる限り、標準治療を受けることを推奨します。

エビデンスって何ですか？

先ほどの話の中で「エビデンス」という単語がよく出てきましたけど、そもそもエビデンスって何なんでしょうか？

まず言葉の定義からいくと、エビデンスは「根拠」ということになりますが、臨床の現場でいうエビデンスとは、**どれだけ信頼性のある臨床試験が行われてきたか**ということになります。基本は5～6のレベルに分かれていて、一例を紹介すると次のようなものです。

こんなふうに決められているものなんですね！

日本医療機能評価機構の定めているエビデンスレベル	
I	システマティック・レビュー／RCTのメタアナリシス
II	１つ以上のランダム化比較試験による
III	非ランダム化比較試験（RCT）による
IVa	分析疫学的研究（コホート研究）
IVb	分析疫学的研究（症例対照研究、横断研究）
V	記述研究（症例報告やケース・シリーズ）
VI	患者データに基づかない、専門委員会や専門家個人の意見

はい、そうなんです。**エビデンスレベルの最も低いレベル6というのは、いわば「個人の意見」に分類されるもの**で、逆に最高のエビデンスレベル1は、複数の臨床試験の結果を統計的に解析して、なるべく偏りがないように平均的なところをとって、結果を出したものです。

つまり、レベル1というのは、「誰がやっても同じ結果が得られる」くらい再現性が高い、ということですか。

はい、そういうことになります。これに加えて、推奨グレードというものがあります。

これはどういうものなんですか？

推奨グレードの例

A	行うよう強くすすめられる
B	行うようすすめられる
C	行うことを考慮してもよいが、十分な科学的根拠がない
D	行わないようすすめられる

これは各学会が発表している治療のガイドラインで、つまりは**現場の医師としてその治療がすすめられるか、すすめられないものかをAからDまでの4段階であらわしたもの**なんです。

たとえばエビデンスが最高レベルだとしても、それが海外でつくられたもので、日本人には当てはまらない可能性がある、というケースもありえます。

そんなケースが！

そこで、エビデンスレベルとこの推奨グレードを組み合わせるんです。

たとえば肺がんのステージⅠの患者に外科的切除を行うというのは、すでに多くの臨床試験で有効性が確認できているため、1Aの推奨となるわけです。

牛肉の等級みたいですね！

はい（笑）、品質を証明するガイドライン、という意味では非常に近いと思います。

でも、エビデンスをとるのって難しそうですね？

そこなんです。そもそも大規模な臨床試験を行うためには、たくさんの症例数が必要になります。そのため、珍しいがんなどはなかなか症例が集まらず、エビデンスがつくれないことがあるんです。

どんな段階を踏んでエビデンスがつくられていくんですか？

まず臨床試験の実施計画書や患者同意書を作成して、倫理委員会に通します。その後、患者さんに臨床試験の意義や安全性を説明して、同意をとるんです。そしたらようやく試験が始まって、計画にのっとって治療や検査を進めていき、効果判定を行って、すべてのデータがそろった段階で統計学的な解析を行う、という段取りです。

聞くだけで気が遠くなってきそうです！

センター病院などの大病院が中心となって、関連の病院などにも呼びかけて、データ集積を行っていくわけですが、かかわる医師はそれぞれ日常の業務がありますから、その合間に進めていかなければならず、簡単にはいきません。

そんな苦労の果てにとられたものだと考えると、エビデンスって尊いものなんですね……。

まとめ

日本の医療には、エビデンスレベルと、各学会が発表している推奨グレードがあり、その組み合わせが治療の信頼度の指標になっている。

がんがなくなる食事ってあるんですか？

いろいろ調べていたら、「この食事でがんが治った！」という体験記をよく見かけたんですけど、食事とがんの関係ってどうなんでしょうか？

食事とがんについては、そもそも「予防」としての食事、という観点と「治療」のための食事、という観点があると思います。

そうか、予防と治療では概念が違うんですね。

はい。それで結論からいくと、塩分をおさえる、脂肪やカロリーをおさえて肥満にな

らないようにする、熱や辛さなどの刺激をおさえる、といった**予防としての食事は非常に効果的です**。これはがん予防との明確な関係があると言えます。

では、治療としての食事はどうなんでしょう？　ぶっちゃけ、食事でがんが消える、ということはあるんでしょうか？

エビデンスレベルでいくと、残念ですがそういうデータはありません。というのも、生活習慣は食事以外にもさまざまな要素が絡んでくるので、「この食品ががんの抑制に効く」と明確に言うことは極めて難しいんです。同じ環境下で、同じような条件で、同じ食事をずっと続けている人が１０００人規模でいないと、統計的なデータがとれません。

それでいくと、たしかに食事治療のエビデンスは難しそうですね。

はい。ただですね、糖質制限ががんの抑制に効く、という話はあります。

糖質制限が!?　なぜですか？

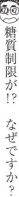

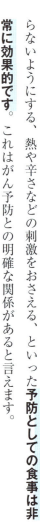

PET検査のところでもお話ししましたが、がん細胞は糖分を栄養源にして増殖していきます。なので、その大本である糖質を制限することでがん細胞の増殖を防げる、というロジックです。

なるほど！　それは一理あるような気がしますが、どうなんですか？

たしかにがん細胞は糖分を栄養源にしていますが、それは正常な細胞も同じなんです。生きていくには糖分が必要になるので、糖質制限は患者さん自身の体力を奪ってしまい、がんと闘える基礎体力がなくなってしまいかねません。

体が闘うべきときに必要な栄養がないというのは、たしかにまずそうですね……。そういう意味では、おすすめできない、ということですか？

そうですね、糖質制限含め、食事によるがん治療というのは基本的におすすめできません。もちろん、補助的に食事に力を入れていくことは大切なことなので問題ありません。……あ、でもですね、一つおもしろい研究があります。

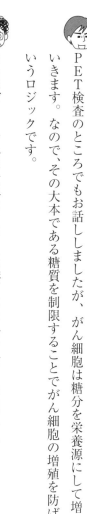

えっ、何ですか!?

秋田大学、東北大学などの共同研究チームが、**カレーのスパイスにがん細胞の増殖をおさえたり、がん細胞が死にやすくなる働きがある**と発表しています。

カレーですか!?

はい。具体的にはウコンなどに含まれるクルクミンという化合物があって、これががんの抑制に効果があると言われています。この研究チームはクルクミンをさらに改良して「GO－Y022」という化合物をつくったのですが、胃がんの細胞の抑制に効果があったそうです。

へぇすごい!

クルクミンは市販のカレーの調理過程でも出てくるようで、胃がんの予防に期待できるようです。

市販のカレーでも！　カレーが流行ってしまいそうですね（笑）。

もちろん、むやみやたらにカレーを食べればがんが治るわけではないと思うのですが、徐々にこうした研究で明らかになっていくことも多いと思います。現状としては万能な食べものやサプリメントは存在しない、と思っていただいたほうがいいのかなと思うのですが、今後に期待です。

まとめ

がん予防や補助的な役割としての食事の効果は期待できるが、現状「この食品でがんが治る」というものは存在しないので、過度な期待は禁物！

西洋医学と東洋医学はどう違う?

代替医療のところでちらっと出てきましたけど、西洋医学と東洋医学ってどう違うんでしょうか?

西洋医学と東洋医学は、根本から考え方が違います。

根本から!?

はい。がん治療に関して言うと、西洋医学は体の中のがんという異物を手術で切り取ったり、抗がん剤でたたいたりする治療法で、基本的にはそのエビデンスがある治療です。

一方で東洋医学は漢方や鍼《はり》、お灸を中心とした医学で、体内の気の流れを正常化し、自然の免疫力を高めることで体内のがんを小さくするという考え方です。

日本の場合は、標準治療は西洋医学に基づいているんですよね？

はい、現在の日本の医療の根幹はＥＢＭ、Evidence Based Medicine の略で、つまり臨床データを集積して、それに基づいた医療を行うことが基本となっています。

エビデンスベースになると、やっぱり東洋医学が主流になるのは難しそうですね。

はい、東洋医学の場合はエビデンスの集積が難しく、状況的にはそうなります。がん治療に関して言えば漢方薬などの東洋医学は、治療のサポート的な役割で使われたりします。現在、日本東洋医学会が認定する漢方専門医は２１４８人いるようです。

先生自身は東洋医学とはあまり関わりがないんですか？

いや、実はそうでもないんです。私が大学生の頃の話です。熊本の阿蘇山の近くに菊

池養生園という検診や東洋医学を行っている診療所があったのですが、私が大学に入学してすぐにオリエンテーションでその養生園を訪れたんです。

そこの名誉園長だった竹熊宜孝《たけくまよしたか》先生という方の話がとってもおもしろく、「医療は土から」ということを盛んにおっしゃっていました。

医療は土から!? どういうことでしょう?

それはつまり、私たちが食べる穀物、野菜、果物、あるいはそこからつくられる飼料もすべては土から生まれるものです。**土を耕し、栄養のあるいい土にすることが人の健康的な生活を支えている**、という考え方なんですね。

へぇ~、おもしろい! 医療機関でそんな考え方をするところがあるんですね。

そうなんです。私も一瞬で心をわしづかみにされてしまったんです。それで、大学6年生のときに自分の好きなところで研修をしていいというシステムがあったのですが、私が選んだのが菊池養生園での研修でした。

おお、本当ですか!? それって珍しい選択ですよね?

そうですね、実際、同級生の多くは大学病院や地域の中核病院で、自分が専攻を希望する診療科や救急などで研修していました。

異端ですね（笑）。どんな研修をしたんですか?

自分で野菜をつくって、それを収穫して食べるという、いわゆる自給自足を行っていました。おそらく人生の中で最初で最後だと思うのですが、肥溜めから桶をかついで肥料をまいたりしていました（笑）。

そんなことまで!? それだけ聞くと、農業研修ですね（笑）。

そうなんです（笑）。ただですね、その研修の中で1人の若い女性が来院されました。その女性は他院で糖尿病と診断されたのですが、菊池養生園の噂を聞きつけた友人が連れてきたようです。

どんな治療をされるんですか?

通常、糖尿病と診断されたときは、採血や他の臓器の精密検査を行って、食事療法や運動療法の必要性を話し、必要なら投薬を行う、という手順なのですが、竹熊先生の診察はといえば、**患者さんに「好きな食べものは何ですか?」と聞いて、彼女が答える限り、延々と好きな食べものをカルテに書いていくんです**。

え〜、どういうことですか!?

不思議ですよね。その診察が30分以上続き、カルテいっぱいに食べものの名前が書き連ねられていったんです。

そしたら、それを見て糖尿病の患者さんがハッと我に返った様子で、**「私、こんなに食べていたんですね！　これから気をつけます！」**と、竹熊先生は何も言っていないのに自分から不摂生な食生活に気づいたんですよ。

禅問答みたいですね！

まさにです。そのあとは、竹熊先生の農園でつくった精進料理を食べてもらって、患者さんもその友人も満足げに帰っていきました。

明星先生、研修時代の１枚

ドラマにでも出てきそうな話！

そうなんです。私もこんな診療があるのかと衝撃を受けたのですが、東洋医学と西洋医学というのは本当に考え方からアプローチまで違うものなんですね。

まとめ

西洋医学は、臨床とエビデンスに基づいた医療で再現性重視。がんに関していうと、東洋医学は補助的な役割で取り入れていくことを推奨します。

がんになる人に共通点はある？

先生、ここまでいろいろ聞いてきたわけですが、ずばり、がんになる人に共通点はあるんですか？

それがですね……明確な共通点は「ない」んです。

ないんですか!?

もちろんですね、傾向としてはあるんですよ。ここまでお伝えしてきたように、喫煙習慣がある人や肥満や糖尿病の人はなりやすい、女性よりも男性のほうが患者数は多い、といった大まかな特徴や傾向はあります。ただですね、これで確実にがんになる、あるいはがんを防げる、という共通点、あるいは予防法は残念ながら現状ないと考えてもらったほうがよいと思います。

たとえばですけど、すっごい健康オタクな人ががんになることもあるんですか？

あります。私の祖母はすい臓がんで亡くなったんですが、実は、かなり健康には気をつかっていました。

岡山の田舎で暮らしていましたが、食事も菜食主義で、しかも農薬などが不安とのことで、自分の家の庭で野菜を栽培して自給自足の生活をしていたくらいの人です。

本当ですか!?　それを聞いて思い出しましたが、僕の祖母も食にはうるさい人で、化学調味料は絶対に使わないとか、電子レンジは使わないとか、いろいろなこだわりを持っている人だったんですよね……。

そうなんです。そういうケースも実はいくつかあって、同僚の医師にも筋肉ムキムキで、食事も糖質制限をしっかりとしていて、お酒もタバコもやらないという徹底した

健康オタクがいました。しかし、そんな彼も48歳という若さで胆管《たんかん》がんというがんになってしまったんです。

お医者さんが48歳でがん!?

そうなんです。実はそれが、私が勤める江戸川病院の前院長で、数百人いる職員の中で最も健康的な生活を送っていた1人だと思います。

なんと!! そんなことがあるんですか!? 運動も食事も気をつけていてがんになるとしたら、もうどうしていいかわかりませんね。

その気持ちもよくわかります。繰り返しになりますが、やはり定期的な検診と、少しでもおかしいという症状があれば、早めに受診することに尽きます。

私の祖母も、江戸川病院の前院長も、共通しているのは、**自分はがんにはならないだろうという過信からか、画像診断などの定期的なチェックはあまりなされていなかった**ということです。

検診に行っていなかったんですね!?

予防でリスクを下げることはできますが、残念ながらどんな人でもなるときにはなってしまうのががんです。自分の健康を過信せず、定期的な人間ドックや検診などのチェックを行っていくことが極めて重要です。

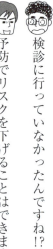

まとめ

どれだけ健康に気をつけていても、過信は禁物。なるときはなるものだと考えて、ぜひ年に1度は検診を。（もちろん、予防も効果的なので推奨！）

もしも先生ががんになったら、どの病院に行きますか？　おすすめ病院リスト

先生！　いよいよ最後のほうになってきたのですが、質問させてください。ずばり、先生がもしもがんになったら、どんな病院にかかりますか⁉

私ががんになったらですか……なかなか究極な質問ですね（笑）。時間をください（笑）。

はい（笑）。

模範的な回答としては自分が勤務している江戸川病院ということになるでしょうけど、実際には私ががんになったら、自分の病院には入院しないと思います。

え、そんなこと言って大丈夫なんですか!?

自分の勤める病院に行かないのは、働く医師や看護師さんたちが、みんな私のことを知っているからです。

どういうことですか?

知り合いがたくさんいるというのは、安心感がある一方、素の自分を見せられない部分がありますよね。つまり、**痛かったりつらかったりしても弱音を吐けないかもしれないし、もし不満などがあっても遠慮して言えない**と思います。

あ~、たしかにそれはあるかもしれません!

それぞれの性格にもよると思いますが、私は奥ゆかしい性格なので(笑)。

(笑)。では実際、どうされるんですか?

正直なところ、**どのがんになったかによって病院を決める**でしょうね。

がんの種類ですか！

はい、ここまでお伝えしたように、それぞれの病院に特徴があって、それぞれ得手不得手というものがあります。肺がんの手術のうまいところ、大腸がんの手術のうまいところ、治験も含めて最先端の抗がん剤治療が受けられるところ、トモセラピーなどの最新の放射線治療が受けられるところなど、病院によってできること、できないことがあります。そのため、私ががんになったら、がんの種類とステージはどうかによって受診する病院を決めると思います。

その病院名を……こっそり教えてもらっても大丈夫ですか!?

はい、それぞれ代表的ながんを例に挙げて、具体的な病院名を挙げてみようと思います。治療が手術なのか、抗がん剤治療なのか、放射線治療なのかによっても異なってくるのですが、細かいことは抜きにして、そのがんの治療を得意としているかどうかで選定しました。

そのリストは、こちらです！

明星先生おすすめの病院リスト

頭頸部《とうけいぶ》がん　↓　国立がんセンター中央病院

食道がん　↓　がん研究会有明病院

胃がん　↓　がん研究会有明病院、東京大学医学部附属病院

大腸がん　↓　国立がんセンター東病院、虎の門病院

肝臓がん　↓　虎の門病院

すい臓がん　↓　がん研究会有明病院

肺がん　↓　岡山大学医学部附属病院

乳がん　↓　聖路加国際病院、昭和大学病院、がん研究会有明病院

甲状腺がん　↓　伊藤病院

白血病　↓　都立駒込病院　虎の門病院

悪性リンパ腫　↓　がん研究会有明病院

多発性骨髄腫《こつずいしゅ》　↓　日赤医療センター　東京北医療センター

本当に答えていただいてありがとうございます！（笑）

今回いただいた質問で一番大変でした（笑）。手術などは個々の能力がずば抜けている、いわゆるゴッドハンドの医師がいる病院も多数あると思いますが、必ずしもその医師に執刀してもらえるとは限りません。そのため、ここではきちんとキャンサーボードがあって、多面的に患者さんを見て治療を行える病院の中から、私個人の見解で選んでいます。

ありがとうございます！　もちろん最後は自分の置かれている状況をふまえて、という前提になるでしょうが、こうした目安があると大変助かりますね。

あえて載せませんでしたが、江戸川病院も素晴らしい病院です（笑）。本当に！

まとめ

最適な病院は個々の状況で変わりますので、あくまでも参考程度にお考えください！

女性は卵の食べすぎでがんになる？最新の研究でわかったいくつかの事実

先生、ここまでも最新の研究結果をいくつか紹介してもらってきましたが、最後に、何か新たにわかったことってないんですか？

そうですね、いくつかおもしろかったものを紹介していきましょう。まずは、コーヒーについてなんてどうでしょうか。

コーヒーですか！　たしかに、コーヒーって体にいいとか悪いとかいろいろ言われていますよね。実際のところどうなんでしょうか？

一昔前は、コーヒーは嗜好品で、摂取すると体によくないというのが通説でした。ですが、最近ではそうではない、という結果が出てきています。ノルウェーで約22万人を対象に行われた調査で、コーヒーを日常的によく飲む人はアルコール性肝疾患で死亡する確率が低くなる、という結果が出ています。

そうなんですか!? おもしろい話ですね！

はい、さらに、**総アルコールの摂取量が多い人ほどアルコール性の肝疾患で死亡するリスクは上がるのですが、コーヒーの摂取量が多くなると多少打ち消される**という結果も出ています。

なんと！ コーヒーすごいんですね。

他にもがんの分野でいくと、コーヒーにはがん発症を抑制する可能性のある化合物が豊富に含まれていることがわかったんです。

そうなんですか!?

２０１８年２月に International Journal of Cancer に掲載された論文で、32万人もの参加者を長期に追跡し、大腸がんの発症をモニタリングした大規模な研究の結果が発表されています。

32万人！　すごい！

この結果、大腸がん全体ではコーヒーを飲む人と飲まない人ではリスクに変わりがありませんでしたが、部位別に見ると、**女性では１日３杯以上コーヒーを飲む人は、結腸がんのリスクが20％減る**という結果になりました。

女性は１日３杯以上で結腸がんのリスクが減る？　男性はどうなんですか？

残念ながら女性のみで、男性にはその傾向は見られませんでした。

女性限定なんですね！

はい、限定的ではあるのですが、先ほどの研究と合わせて考えると、コーヒーが決して悪いもの、ということはなさそうです。ただですね、**砂糖入りのコーヒー飲料はか**

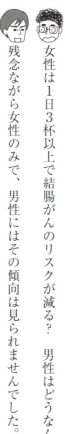

えって糖尿病や肥満を引き起こすリスクが高くなりますから、できるだけブラックを飲むように心がけたほうがよいでしょう。

他には何かありますか？

そうですね。「定期的に夜勤シフトで働く女性は、日中に勤務する女性と比較してがんにかかるリスクが19％高くなる可能性がある」という発表が、アメリカのがんの学会誌「Cancer Epidemiology, Biomarkers and Prevention」に掲載されました。

夜勤だとがんリスクが2割弱上がる!?　これは大きな話ですね。

はい。ただしこれには地域差があるようで、**オーストラリアとアジアの女性に関してはリスクの増大は認められず、ヨーロッパとアメリカの女性ではリスクが高くなる**との結果でした。特に皮膚がんは41％、乳がんは32％とそれぞれ、がんのリスクが高くなっています。この調査は、今までに発表されているデータを解析したもので、直接の原因は明らかではありませんが、夜勤をすることで体内での女性ホルモンのバランスが崩れ、ホルモン関連の乳がんの発症リスクが高くなったものと推測されます。

アジア人では関係ないというのは一安心ですね。

そうですね。とはいえ、夜勤をしている方はホルモンバランスが崩れがちなのはたしかなので、定期的ながん検診はおすすめしたいです。
あとですね、女性に関して言うとこんな研究も出てきました。

どんなものですか？

European journal of clinical nutrition 誌オンライン版の発表で、卵を1日1個食べる人と2個以上食べる人を比較した結果、卵を2個以上食べる人のほうが、死亡率が2倍も上昇することがわかりました。さらにがんに限っていうと、3・2倍も死亡率が上昇するという結果になっています。

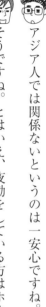

え、卵を1日2個以上でがんリスクが3倍!?

はい、ただし、リスクが上がるのは女性だけだとされています。この調査は、日本人を1990年から14年間追跡調査したもので、男性では死亡率やがんリスクの上昇は見られなかったんです。

女性だけですか！

なぜ女性だけなのかは残念ながら明らかにはなっていないのですが、日本人の女性は、卵は1日1つまでにしておいたほうがいいかもしれません。

卵たっぷりのスイーツなんかは、結構危険ということですね……。

まとめ

近年、どんどん新たな報告が発表されており、がんの研究は日進月歩で進んでいる。

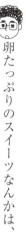

おわりに

医師になって18年が経ちました。この間、がんの罹患者数は増え続ける一方、治療の技術も種類も大きく進化してきています。

同時に世の中にさまざまな情報が飛び交うようになり、患者さんやそのご家族も混乱しているのではないか、本当に正しいことをお伝えしたいという想いで、書籍として情報をまとめさせていただきました。

私の医師としての目標は、「この世からがんをなくすこと」ですが、それには医師だけではなく、一人ひとりがきちんとした知識を持ち、その情報をもとに自分で考え、判断していくことが欠かせないと考えています。

がんは適切なときに適切な治療法を選びさえすれば、決して不治の病ではありません。多くのがんには、治す方法があるのです。そのことだけでも知っていただけたら、きっとがんや治療に対する見方も変わってくるのではないでしょうか。

もちろん、本書でお伝えした内容は私が独力で得たものではなく、多くの先生、仲間、友人たちとの関わりによって学ぶことができたものです。最後にこの場を借りて、あらためてみなさまに感謝を申し上げたいと思います。

熊本大学在学中、土からの医療の大事さを教えてくれた竹熊宜孝先生、岡山大学に入局後、快く東京に行くことを許してくれた槇野博史先生、研修医時代に医師としてのフィロソフィーを叩き込んでくれた日野理彦先生、虎の門病院で移植のノウハウを勉強させてくれた谷口修一先生はじめ、同僚の医師たちに心より感謝申し上げます。

また、腫瘍内科医としての礎を築いてくれた畠清彦先生、照井康仁先生をはじめ、苦楽を共にした仲間たち、そして、故加藤隆弘前江戸川病院院長、加藤正二郎院長をはじめ、腫瘍血液内科の仲間たちがいなければ、間違いなく今の私はいなかったと思います。本書の制作に協力してくださった江戸川病院の後藤宏顕先生にもこの場を借りて御礼申し上げます。そして何より、私を医師になろうと決意させてくれた天国のおばあちゃんにこの本を捧げたいと思います。

本書によって、みなさまのがんに対する不安や問題意識が、少しでも晴れることを願っています。最後までお読みいただき、ありがとうございました。

２０１９年５月　明星智洋

〈著者略歴〉
明星 智洋（みょうじょう・ともひろ）
江戸川病院腫瘍血液内科副部長 兼 感染制御部部長。東京がん免疫治療センター長。MRT 株式会社 社外取締役。
1976 年岡山県生まれ。高校生の時に、大好きだった祖母ががんで他界したことをきっかけに医師を目指し、熊本大学医学部入学。その後、医師国家試験に合格。岡山大学附属病院にて研修後、呉共済病院、虎の門病院、癌研有明病院にて血液悪性腫瘍およびがんの化学療法全般について学ぶ。その後 2009 年より江戸川病院にて勤務。血液専門医認定試験合格、がん薬物療法専門医最年少合格。専門は、血液疾患全般、がん薬物療法、感染症管理。昨今、がん治療の専門家ではない人による「正しくない（古い、もしくは事実誤認やあまりにも主観的な）情報」が多い現状を危惧。現場と最新の医療情報を知る医師の観点から情報を発信している。

松本 逸作（まつもと・いっさく）
作家、ライター。年間ベストセラーランキングに入る実用書やビジネス書をはじめ、サブカルやグルメを扱ったウェブ記事、漫画原作など、多岐にわたる媒体・ジャンルでマルチに活躍。明星氏と同じく祖母をすい臓がんで亡くしており、今作の企画に携わる。

先生！本当に正しい「がん」の知識を教えてください！

2019 年 7 月 8 日 第 1 刷発行

著 者——明星 智洋・松本 逸作
発行者——徳留 慶太郎
発行所——株式会社すばる舎
〒 170-0013 東京都豊島区東池袋 3-9-7 東池袋織本ビル
TEL 03-3981-8651（代表） 03-3981-0767（営業部）
振替 00140-7-116563
URL http://www.subarusya.jp/
Subarusya
ブックデザイン・イラスト——和全（Studio Wazen）
印 刷——シナノ印刷株式会社

落丁・乱丁本はお取り替えいたします

ISBN978-4-7991-0836-9